本书得到上海理工大学马克思主义学院出版基金(2022)的资助。

青年学者文库

鲍德里亚消费社会思想研究

彭高 著

天津出版传媒集团

天津人民出版社

图书在版编目（ＣＩＰ）数据

鲍德里亚消费社会思想研究 / 彭高著. –– 天津：
天津人民出版社, 2024.3
（青年学者文库）
ISBN 978-7-201-20177-1

Ⅰ.①鲍… Ⅱ.①彭… Ⅲ.①鲍德里亚—消费—社会
学 Ⅳ.①B565.59②C913.3

中国国家版本馆 CIP 数据核字(2024)第 035619 号

鲍德里亚消费社会思想研究
BAODELIYA XIAOFEI SHEHUI SIXIANG YANJIU

出　　版	天津人民出版社
出 版 人	刘锦泉
地　　址	天津市和平区西康路35号康岳大厦
邮政编码	300051
邮购电话	（022）23332469
电子信箱	reader@tjrmcbs.com

责任编辑	王佳欢
装帧设计	明轩文化·王　烨

印　　刷	天津新华印务有限公司
经　　销	新华书店
开　　本	710毫米×1000毫米 1/16
印　　张	13.75
插　　页	2
字　　数	170千字
版次印次	2024年3月第1版　2024年3月第1次印刷
定　　价	78.00元

序　言

作为与人类生存实践的世界观与方法论相关联的哲学，在某种意义上也是一种人学，哲学关注人的生存实践及其与世界发生关联的生存方式，而且关切人在此种生存方式中对自身作为"人"的本质的"确证"。综观中、西不同历史时期的哲学思想，人的生存方式被逐次揭示为不同的类型和发展阶段，即从以先验"本体"或"神"为中心的人的传统生存方式，转变到以"人"和"物"为中心的人的现代性生存方式。

对于人的生存方式的探索不可能戛然而止。相反，随着后现代哲学的兴起和以"消费"和"符号"为中心的人的后现代性生存方式的出现，这种探索呈现出了新的特征和理论风格，鲍德里亚[①]就是其中的典型代表。人的生存方式在鲍德里亚那里得到了具体阐述，即在吸收和借鉴列斐伏尔、德波等人思想资源的基础上，鲍德里亚将符号学的有关理论纳入对晚期资本主义社会（消费社会）中人的生存实践的审视和生存方式的批判，揭示出消费社会中的人的生存方式所具有的变化情况和显著的"符号化"特征。在此基础上，鲍德里亚系统地建构了一种关于消费社会中人的符号化生存方式的批判思想。

目前，鲍德里亚关于人的符号化生存方式的批判思想受到国内外学界

---

① 鲍德里亚（Jean Baudriuard，1929—2007），法国当代哲学家、现代社会思想家、后现代理论家。他在对于"消费社会理论"和"后现代性的命运"的研究方面卓有建树。

的广泛关注,并成为研究鲍德里亚思想的切入点之一。由于学者大多仅涉及鲍德里亚思想的某一方面,如符号消费、符号异化等问题,仍缺乏对鲍德里亚思想系统且连贯的把握。与多数有关该领域的研究成果不同,本书聚焦于鲍德里亚语境下人的符号化生存方式的表现、成因和对策等诸多问题,进而对其思想作出较为深入的批判性分析。

在研究方法上,本书主要运用文献研究与比较研究的方法。从前者看,笔者通过研读鲍德里亚的相关文献资料,对其思想的理论渊源进行细致梳理,进而深入探讨了鲍德里亚对处于消费社会中的人的符号化生存方式的主要表现、形成原因、救赎路径的观点及其关于人的符号化生存方式救赎问题的后续思考。从后者看,本书以鲍德里亚关于人的符号化生存方式的批判为线索,从而建构起一座沟通其哲学思想与传统哲学、近现代哲学之间的桥梁。

本书也对鲍德里亚消费社会思想进行了辩证评析,既揭示了其理论局限,也探讨了其理论价值。其理论局限主要在于,它在本质上是一种西方的现代性意识形态,也体现在它对马克思政治经济学批判理论存在严重的误读,以及并不能根除晚期资本主义社会或消费社会的弊病。其理论价值主要在于,它对过度消费或消费社会的负面现象有批判性,而这种批判性对于祛除消费异化等负面现象具有启发意义和借鉴作用。

此外,本书也探讨了鲍德里亚消费社会思想视域中人的符号化生存方式的弊病,即在人与自我的关系方面,人利用符号化的生存方式所确证的个性,不过是对消费经济同一性的认同,由此导致人的真正的个性与自由的丧失、物质世界丰富意义的丧失、精神世界的虚无与贫乏;在人与人的关系方面,人的符号化生存方式造成人际关系矛盾与冲突的加剧,甚至社会内部各群体之间的不平等愈加严重;在人与自然的关系方面,人的符号化生存方式导致生态环境遭到严重破坏,进而阻碍经济社会的持续健康发展。

结合当今中国的历史性实践，反思鲍德里亚消费社会思想的理论局限和人的符号化生存方式的弊病，可以得出如下现实启示：其一，要引导人们树立合理的消费观和科学的人生观；其二，要协调消费与生产之间的关系，协调物质文明与政治文明、精神文明、生态文明之间的关系；其三，要在中国式现代化及其创造和展开的人类文明新形态中不断实现人民的美好生活。

目 录

第一章 引 言

第一节 西方哲学史上的生存方式批判思想概述

从其本质看,哲学在某种意义上也是人学。它关注人的生存实践,为人的生存实践提供世界观和方法论。人通过自身的生存实践与世界发生关联,人的生存方式即其与世界的关联方式。通过其生存方式,人不仅确证着自身的本质,也确证着世界的本质。从宏观的角度看,哲学是世界观和方法论;从微观的角度看,哲学也关注人的生存方式。

综观西方哲学史,人的生存方式一直是西方哲学关注的主要问题之一。与西方哲学的不同时期相对应,人的生存方式也呈现出不同的类别。与传统形而上学①(传统哲学)或柏拉图主义哲学相对应的是人的传统生存方式,它可以分为如下两种:一是在古希腊传统哲学中的存在论影响下的先验的"存在论"生存方式,其中心为先验的"存在"或"本体";二是在中世纪基督教哲学笼罩下的超验的"神义论"生存方式,其中心为超验的"神"或"上帝"。②这

---

① 在此处,"形而上学"是指古希腊的著名哲学家亚里士多德开创的"第一哲学",而不是指与辩证法相对立的一个概念。本书中其他地方所用"形而上学"的含义与此处相同,不再一一说明。

② 参见杨宏祥、庞立生:《人的生存方式的现代性批判——基于马克思、尼采、海德格尔》,《延边大学学报(社会科学版)》,2017年第3期。

两种人的传统生存方式虽然不尽相同,但是有一个共同之处:它们都忽视或压制了人及其生存的地位。后来,笛卡尔建立近代主体主义哲学,启蒙运动兴起。由此,传统的"本体"或"神"对人的生存实践的影响力日益削弱,进而人的上述生存方式也受到冲击。与此同时,以崇尚笛卡尔主义、启蒙理性主义和人类中心主义的"人义论"生存方式,以及推崇资本逻辑、商品拜物教和技术理性主义的"物义论"生存方式组成的人的现代性生存方式也逐渐生成。人的这两种现代性生存方式否定两种传统生存方式的中心。它们不仅否定了先验的"存在"或"本体",而且否定了超验的"神"或"上帝"。由此,兼具去"本体化"与去"神化"特征的现代性生存方式使人成为整个世界的主宰,并且增强了人自己的力量。

虽然人的传统生存方式的"中心"已被现代性生存方式替换,但是作为传统生存方式的"存在论"生存方式中的本质主义与"神义论"生存方式中的实存主义并未就此完全消解。事实上,它们两者依然残留在以崇尚笛卡尔主义、启蒙理性主义和人类中心主义的"人义论"生存方式,以及推崇资本逻辑、商品拜物教和技术理性主义的"物义论"生存方式的人的两种现代性生存方式中,继续隐藏在这两种"现代性面目"之下,深刻地影响着现代人的生存实践。这两种生存方式在人的现代性生存方式中的残留,在某种意义上就是柏拉图主义传统在其中的延续。

"人义论"生存方式和"物义论"生存方式共存的人的现代性生存方式并非完美无缺。一方面,"人义论"生存方式前所未有地彰显了人对世界的控制力。人能够凭借自己的力量把一切外在于自己的物体纳入其活动范围,使它们成为自己活动的客体,由此它们才能获得对于人存在的价值和意义,这就为人类中心主义埋下了隐患。另一方面,"物义论"生存方式使人逐渐被作为客体的物影响和奴役。由此,在人的生存实践中,会出现物化现象并愈演愈烈。由此可见,"人义论"生存方式和"物义论"生存方式两者共同组成的人的现代性生存方式也存在深刻的危机。从微观的角度看,人的现代性生存方式问题是现代性的核心问题。因此,现代性危机的核心是人的现代性生存方式的危机。

对于现代性危机或人的现代性生存方式的危机,马克思、卢卡奇、海德格尔、哈贝马斯、马尔库塞、列斐伏尔、德波等进行了深刻批判。马克思对其批判的切入点主要在于异化劳动和资本逻辑。在马克思看来,人在其生存实践中与世界发生关联。在这种活动中,通过在尊重客观规律的前提下充分、合理地发挥其主观能动性,人既改造外部世界,也建构和处理各种社会关系。由此,人不仅改变了外部世界的存在状态,也造就了自己的现实本质。人的现实本质表现为人自己建构和处理的各种社会关系,这意味着人是一种社会性的存在物。此外,人在生存实践中改造外部世界的本质力量体现为生产力,而人在此过程中建构和处理的各种社会关系体现为生产关系。生产力规定着生产关系,人的本质力量也规定着其社会关系。伴随着资本主义社会的产生和发展,人的现代性生存方式得以确立并且不断发展。关于人的现代性生存方式,马克思进行了全面深入的分析。一方面,他客观地指出,人的现代性生存方式促进了生产力的发展,也提升了人自己的力量。另一方面,他敏锐地察觉到,在人的现代性生存方式中存在两种相互对立的力量:人的力量和资本的力量。在资本主义社会中,资本的力量统治了人的力量,从而导致了异化劳动和商品拜物教等人的异化现象。由于异化劳动和商品拜物教的存在,人自身的生存和发展受到了极大的压制。因此,在马克思看来,实现人的彻底解放的必要前提是消除异化劳动和商品拜物教。在资本主义社会中,异化劳动和商品拜物教存在的根源是资本,而资本存在的制度基础是资本主义私有制。因此,为了消除人的现代性生存方式导致的弊端——异化劳动和商品拜物教,从而实现人的彻底解放,马克思主张在人的生存实践中对资本主义私有制进行彻底变革。换言之,在马克思看来,从社会制度的角度看，人的现代性生存方式之所以会导致异化劳动和商品拜物教等人的异化现象，其根源是资本主义私有制。鉴于此，只有在人的具体生存实践中彻底变革资本主义私有制，进而变革人的现代性生存方式，才能实现人的彻底解放。

在吸收马克思关于人的现代性生存方式批判思想的基础上，卢卡奇提出了"物化"概念，指出人的现代性生存方式的异化不仅表现为其生产和消费等行为层面的物化，也表现为其意识层面的物化。从总体层面看，卢卡奇对于人的现代性生存方式的批判主要还是针对"物义论"生存方式。从具体层面看，其批判主要针对的是商品拜物教、技术理性主义对于人的生存实践乃至思想意识的影响和奴役。他关于人的现代性生存方式批判思想中比较有创见的一点在于，揭示了商品拜物教、技术理性主义对人的思想意识的影响和奴役，进而批判了人的意识层面的物化。

对人的现代性生存方式的批判，也是海德格尔涉及的一个重要理论问题。在他看来，人的存在方式是人进行生存实践的方式，即其生存方式。人的存在方式是"在世"，因此人的生存方式也是"在世"。通过"在世"，人才能确证和实现自身的本质，也就是"存在之领悟"或"绽出之生存"。这种"绽出之生存"的核心要义是实现作为个体的人的特殊生存状态，而不同个体的生存状态应该是千差万别的。由此可见，海德格尔看重和强调的是人的存在的差异性。他强调这一点，主要是为了批判笛卡尔开创的现代主体性哲学。现代主体性哲学过分推崇人的理性，事实上还是延续了强调抽象同一性的柏拉图主义哲学传统，因而它还是忽视了人的存在的差异性。在海德格尔看来，对人的存在的差异性的忽视，难免会导致虚无主义。因此，海德格尔对现代主体性哲学的批判也意味着对虚无主义的批判。他认为，要批判和克服虚无主义，就必须实现人存在的差异性，使人作为特殊个体而本真地存在。此外，海德格尔认为，现代性的本质是把现代主体性哲学展现于现代科学技术中，而现代科学技术主导了人的现代性生存方式。在人的现代性生存方式中,现代科学技术通过表象活动将一切对象"集置"成客体,致使"世界成为图像"。"世界成为图像"和"人成为主体"共同决定了现代性的本质面貌。在现代主体性哲学的影响下,世界成为被主体表象和筹划的"图像"。然而作为主体的人实际上并未成为自己的主人,而是被抛入世界,最终无家可归。总之,在海德格尔看来,对人的现代性生存方式的批判主要在于对现代主体性哲学和现代科学技术的批判。

在海德格尔之后,哈贝马斯、马尔库塞等法兰克福学派的哲学家基于发达工业社会日新月异的科学技术已经逐渐控制整个社会生活的现实状况,指出人的生存方式已经被技术异化,变得单向度化。由此可见,哈贝马斯、马尔库塞等对于人的现代性生存方式的批判主要还是围绕"物义论"生存方式而展开。他们主要着力于批判技术理性主义对人的生存实践的渗透和控制。

随着现代社会的发展并逐渐成熟,人的现代性生存方式也有了一些变化。列斐伏尔指出,现代社会是一个消费被控制的官僚社会。随着科技的发展,人们的日常生活都被消费渗透,消费物品自身在本质上是具有意义的符号。也就是说,人的消费被作为符号的消费物品控制。这意味着人的消费行为符号化,进而在某种意义上也意味着人的现代性生存方式也符号化。与列斐伏尔处于同一时期的德波指出,现代社会已经成为一个景观社会,人的消费行为已经被景观的意象符号控制,这也意味着人的生存方式符号化。在列斐伏尔和德波看来,人的现代性生存方式中的"物义论"生存方式的一个主角已经有了变化。商品拜物教被符号拜物教取代。

基于后现代社会的经济社会状况,在吸收和借鉴列斐伏尔、德波等人思想资源的基础上,鲍德里亚把符号学的有关理论纳入对人的后现代生存方式的批判,进而提出了自己的一系列思想观点。他指出,在后现代社会或他指称的消费社会中,人的消费方式已经是一种符号化消费,因而人们的生存方式也是一种符号化生存方式。鲍德里亚关于人的符号化生存方式的批判思想,在国内外学术界受到了广泛关注,国内外学者对此进行了不少研究。然而这些研究的广度和深度有待提升,大多数只涉及该思想的某个方面。在鲍德里亚的理论语境中,人的符号化生存方式具有哪些主要表现?它是如何形成的?对于它,该如何应对和解决?上述这些问题仍然值得国内外学者进一步研究,本书的研究主要围绕这些问题进行。

本书集中探讨的人的符号化生存方式,其主要内涵在于符号支配和控制了人的生存实践。人的生存实践主要包括两个基本的组成部分:对于物品的生产和消费。基于此,本书集中探讨的人的符号化生存方式的主要内涵就在于,人对于物品的生产和消费被符号支配和控制。另外需要特别指出的是,本书对人的符号化生存方式的探讨仅限于鲍德里亚所指称的消费社会。也就是说,本书集中探讨的主题是鲍德里亚所指称的消费社会中的人的符号化生存方式。不过在此需要说明的是,在对鲍德里亚关于人的符号化生存方式的批判思想之理论渊源的梳理中,本书也会涉及鲍德里亚之前或跟他几乎同时代的一些外国哲学家对于人的符号化生存方式或其他生存方式的批判思想资源。

第二节　鲍德里亚关于人的符号化生存方式批判思想的研究现状

一、国外研究现状

通过梳理和分析国外学术界对鲍德里亚关于人的符号化生存方式批判思想的研究成果,可以看出,国外学者的有关研究主要集中于以下三个方面:

第一,鲍德里亚批判的人的符号化生存方式的表现。在这个方面,国外有些学者进行了比较深入的研究。比如,美国学者道格拉斯·凯尔纳指出,在鲍德里亚看来，人的符号化生存方式主要表现为商品的符号价值支配了使用价值和交换价值，并且支配了人们物质性的需求。由此，符号支配和重构了人的生活。由此可见，他们认为，鲍德里亚批判的人的符号化生存方式主要表现在消费领域。符号支配了人们的消费需求和消费行为，这体现了人的符号化生存方式。①

第二，鲍德里亚批判的人的符号化生存方式的救赎路径。这也是国外有些学者重点研究的内容。比如，道格拉斯·凯尔纳在《波德里亚：批判性的读本》一书中，对鲍德里亚批判的人的符号化生存方式的救赎路径进行了比较深入的研究。他指出，鲍德里亚提出的人的符号化生存方式的救赎路径就是象征交换。不过这种象征交换已经不再是莫斯、巴塔耶所指的原始部落的交往形式，而是变成了一种反抗符号控制的"死亡"这种"灾难性的形式"。由此，鲍德里亚就从早期的激进主义立场转变为一种悲观主义的宿命论。②也就是说，在道格拉斯·凯尔纳看来，鲍德里亚提出的人的符号化生存方式的救赎路径——象征交换是以"死亡"这种形式出场的，这具有一种悲观主义的理论倾向。

第三，对鲍德里亚关于人的符号化生存方式批判思想的评价。国外有些学者对鲍德里亚关于人的符号化生存方式的批判思想持肯定态度。比如，美国学者马克·波斯特认为，鲍德里亚关于人的符号化生存方式的批判思想译解了商品的符号学，"丰富并发展了历史唯物主义，使它符合发达资本主义的新形势"③。此外，国外有学者认为，鲍德里亚通过提出批判符号学思想来批判人的符号化生存方式的主要目的在于，以批判符号学思想取代马克思

---

① See Douglas Kellner, Jean Baudrillard after Modernity: Provocations on a Provocateur and Challenger, *International Journal of Baudrillard Studies*, January, 2006.

② 参见[美]道格拉斯·凯尔纳:《波德里亚:批判性的读本》，陈维振、陈明达、王峰泽，江苏人民出版社，2006年，第111、205、208、211页。

③ [美]马克·波斯特:《第二媒介》，范静晔译，南京大学出版社，2000年，第148页。

的政治经济学批判思想。在他们看来,鲍德里亚认为马克思的政治经济学无法有效地解释资本主义由资本的生产阶段向资本的意指阶段的转变。基于此,他提出批判符号学的思想来补齐马克思政治经济学批判思想的短板。[①]

综上所述,国外学者主要围绕鲍德里亚批判的人的符号化生存方式的表现、救赎路径,以及对这一思想的评价等方面进行了比较深入的研究,形成了比较丰硕的成果。不过,就对鲍德里亚批判的人的符号化生存方式的表现的研究现状而言,国外学者的研究主要集中于此生存方式在消费领域中的表现,较少涉及它在生产领域中的表现。因此,本书将对鲍德里亚批判的人的符号化生存方式在生产领域中的表现进行比较全面深入的研究。另外,对照鲍德里亚对人的符号化生存方式批判的有关著作,国外学者对鲍德里亚批判的人的符号化生存方式的成因等的研究还有待深化,而这也是本书研究的一个主要问题。

二、国内研究现状

基于国内学术界对鲍德里亚关于人的符号化生存方式批判思想的研究成果,国内学者的研究主要涉及以下两个方面:

第一,鲍德里亚批判的人的符号化生存方式的成因。国内学者仰海峰、孔明安、王庆丰等对此进行了比较深入的研究。仰海峰认为,消费社会是资本逻辑运转形态转变的产物。[②]在仰海峰看来,消费社会形成的根源在于资本逻辑。而人的符号化生存方式是消费社会的一种重要表征。由此推之,资本逻辑也是鲍德里亚批判的人的符号化生存方式形成的根源。王庆丰也认

---

① See Mark Poster, Semiology and Critical Theory:From Marx to Baudrillard, boundary 2, Vol.8, No.1, *The Problems of Reading in Contemporary American Criticism:A Symposium* (*Autumn, 1979*), pp. 275–288.

② 参见仰海峰:《消费社会与历史唯物主义的理论拓展》,《河北学刊》,2005 年第 3 期。

为,鲍德里亚批判的消费社会中的符号逻辑只是表层的逻辑,消费社会中的深层逻辑还是资本逻辑。①在王庆丰看来,符号逻辑只是资本逻辑的一种具体表现。鲍德里亚批判的符号逻辑是导致人的符号化生存方式形成的一种重要力量。由此可见,王庆丰认为,鲍德里亚批判的人的符号化生存方式的形成根源是资本逻辑。此外,仰海峰认为,现代电子媒介是推动消费社会形成的技术基础。现代电子媒介技术的发展对于消费社会的形成起到了不可估量的推动作用。②而人的符号化生存方式是形成和存在于消费社会的一个社会现象。由此推之,在仰海峰看来,现代电子媒介技术对人的符号化生存方式的形成起到了很大的推动作用。孔明安也认为,电子媒介技术的发展使现代资本主义社会成为符号的王国,进而使人们在日常生活中被大量的符号包围。③进而人们陷入一种符号化的生存方式。总之,国内学者认为,鲍德里亚批判的人的符号化生存方式的成因主要在于资本逻辑和现代电子媒介技术。

第二,鲍德里亚批判的人的符号化生存方式的救赎路径。这是国内学者仰海峰、夏莹、刘同舫深入研究的内容。仰海峰认为,早期的鲍德里亚提出以象征交换来作为人的符号化生存方式的救赎路径。然而后期的鲍德里亚认为,物的嘲讽策略让主体成为物的工具,这成为主体的宿命。④由此可见,后期的鲍德里亚放弃了他自己在早期提出的人的符号化生存方式的救赎路径——象征交换。夏莹认为,鲍德里亚曾试图提出以象征交换来作为人的符

---

① 参见王庆丰、蔡垚:《符号逻辑批判——鲍德里亚对马克思〈资本论〉的更新与发展》,《华南师范大学学报(社会科学版)》,2008 年第 4 期。

② 参见仰海峰:《消费社会与历史唯物主义的理论拓展》,《河北学刊》,2005 年第 3 期。

③ 参见孔明安:《从物的消费到符号消费——鲍德里亚的消费文化理论研究》,《哲学研究》,2002 年第 11 期。

④ 参见仰海峰:《物的嘲讽与主体消亡的宿命:鲍德里亚的思想主题》,《国外社会科学》,2014 年第 5 期。

号化生存方式的救赎路径。同时,他保持对象征交换这种异化-复归式批判逻辑的警惕。在他看来,异化的复归毫无意义,即使它有所复归,也只能在异化的资本主义社会内部寻找它复归的现实路径。基于这一认识,他后来放弃了象征交换来作为人的符号化生存方式的救赎路径。鉴于此,夏莹认为,鲍德里亚提出以象征交换来作为人的符号化生存方式的救赎路径,这只具有乌托邦式的激进性。①此外,在刘同舫看来,象征交换是鲍德里亚提出的人的符号化生存方式的救赎路径。鲍德里亚希望通过象征交换来突破消费社会中的商品交换和符号交换的逻辑。然而这只是一种空洞的呐喊。②其主要原因在于:资本逻辑是资本主义社会的根本逻辑,这一逻辑的核心内容在于通过商品和资本流通来实现资本的增殖。而象征交换是一种违背商品和资本流通规律以及资本逻辑的交换形式,因而大规模的象征交换存在的现实基础并不存在于资本主义社会。进而鲍德里亚提出以象征交换作为符号化生存方式的救赎路径,只是一种理论上的空想。总之,国内学者认为,鲍德里亚批判的人的符号化生存方式的救赎路径是象征交换。

综上所述,从国内研究现状看,国内学者对鲍德里亚关于人的符号化生存方式批判思想的研究主要集中于鲍德里亚批判的人的符号化生存方式的成因、救赎路径等方面。在他们看来,资本、技术是鲍德里亚批判的人的符号化生存方式的成因。象征交换是这种生存方式的救赎路径。总体而言,国内学者的这些研究还是比较深入的。然而对照鲍德里亚对人的符号化生存方式批判的有关著作,他们未把文化作为鲍德里亚批判的人的符号化生存方式的一个成因来深入研究,这是一个缺憾。另外,对于鲍德里亚批判的人的

---

① 参见夏莹:《鲍德里亚的"hyper-"概念群及其对现代性理论的极限演绎》,《世界哲学》,2017年第6期。

② 参见刘同舫:《象征交换:鲍德里亚超越符号消费社会的解放策略》,《广东社会科学》,2016年第4期。

符号化生存方式的表现,他们研究也比较少。鉴于此,国内学者对鲍德里亚批判的人的符号化生存方式的表现、成因等的研究有待深化。这两者也是本书需要深入研究的问题。

第三节 本书研究的思路和主要内容

本书第一章为引言,主要介绍了本书研究问题的提出,国内外的研究现状、研究的思路和主要内容。

本书第二章主要梳理了人的符号化生存方式批判思想的理论渊源,内容主要涉及对现代资本主义社会中人的生存方式或人的现代性生存方式进行批判的思想。具体而言,这些思想包括自马克思对早期资本主义社会的批判思想开始,一直到列斐伏尔等对晚期资本主义社会的批判思想。按照这些思想批判人的生存方式的切入点不同, 可以将它们梳理和总结为以下三个方面:第一,对人的物化生存方式的批判思想。这一方面主要涉及马克思、卢卡奇等哲学家对人的物化生存方式的批判思想。第二,对人的技术化生存方式的批判思想。这一方面主要包括海德格尔、哈贝马斯、马尔库塞、斯蒂格勒等哲学家对人的技术化生存方式的批判思想。第三,对人的符号化生存方式的批判思想。这一方面主要涉及巴特、德波、列斐伏尔等哲学家对人的符号化生存方式的批判思想。

本书第三章集中探讨了鲍德里亚批判的人的符号化生存方式的主要表现和主要成因。在鲍德里亚看来,人的符号化生存方式的主要表现包括以下两个方面:第一,人的生产活动符号化。在鲍德里亚看来,其表现主要包括人的生产活动的产品符号化和人的生产活动的过程符号化。第二,人的消费活动符号化。根据鲍德里亚的有关论述,其表现主要包括人在消费活动中沦为符号的奴隶和人在消费活动中自身的符号化。人在消费活动中沦为符号的奴隶具体表现为以下两点：①获得物品的符号价值成为人消费的主要目标，②符号的差异性逻辑成为支配人消费的主导逻辑。人在消费活动中自身的符号化具体表现为以下两点：①人沦为"消费者"这一普遍性的符号，②人的身体也成为人自己消费的一种特殊符号。

此外，在鲍德里亚看来，人的符号化生存方式形成的原因主要包括以下三个：

第一，资本。资本可以说是人的符号化生存方式形成的根源。资本的上述根源作用蕴含在以下五点中：①人的符号化生存方式形成的重要前提："物"的丰盛，②人的符号化生存方式形成的重要条件：商品生产和商品交换，③人的符号化生存方式形成的重要动因：广告，④消费社会的主体是符号，⑤人的符号化生存方式的主导逻辑是符号的差异性逻辑。

第二，技术。技术对于人的符号化生存方式形成的推动作用主要体现在生产和消费这两大领域。在生产领域中，技术对于人的符号化生存方式的推动作用主要体现在以下四点：①生产领域的技术进步推动了消费物品的符号化，②生产领域的技术进步导致符号物品的差异更加细化，③生产技术的革新推动了符号物品的更新换代，④生产技术的缺陷加快符号物品的损坏和消耗。在消费领域中，技术对于人的符号化生存方式的推动作用主要表现在以下两点：①传媒技术推动了人的符号化生存方式的形成，②先行消费的技术推动了人的符号化生存方式的形成。

第三，文化。文化也是推动人的符号化生存方式形成的一个重要因素。具体而言，文化对于人的符号化生存方式形成的推动作用主要表现在以下三点：①先行消费的伦理带动了人的符号消费活动，②竞争的意识形态促进了人的符号消费活动，③自我完成的"哲学"推动了人的符号消费活动。

本书第四章主要探讨了鲍德里亚批判的人的符号化生存方式的救赎路径。鲍德里亚认为，要解决人的符号化生存方式，必须诉诸象征交换。鲍德里亚希望通过超越了商品交换规律的象征交换来克服消费社会的诸多弊病。与此同时，他希望通过象征交换来实现对消费社会中人的符号化生存方式的救赎。

本书第五章主要探讨了鲍德里亚关于人的符号化生存方式救赎问题的后续思考。在其晚年，鲍德里亚放弃了自己之前提出的以象征交换作为人的符号化生存方式的救赎路径的观点，转而在对人的符号化生存方式的救赎问题上持一种比较悲观和消极的观点。在这个时期，他认为，人的符号化生存方式乃至整个消费社会似乎都是无药可救的。在其晚年，他对人的符号化生存方式救赎问题的观点之所以发生转变，主要是基于他对以下四个方面的认识：第一，客体的水晶复仇与镜中人的报复；第二，技术客体的致命策略与消费社会的危机；第三，技术的自动化主义与消费社会的灾难；第四，符号拟像的超真实与主体的迷失。总之，在其晚年，鲍德里亚对于消费社会中人的符号化生存方式的救赎问题的认识是比较悲观和消极的。在这个时期，他已经完全改变了之前以象征交换作为人的符号化生存方式的唯一救赎路径的观点。他之所以改变这一观点，主要和他后来对于技术客体和符号代码的发展问题的新认识有关。

本书第六章对鲍德里亚关于消费社会中人的符号化生存方式批判的思想内容进行了简要总结，还对其与当代西方社会批判理论的关联及其所属理论流派进行了探讨，并对该思想的理论贡献和理论局限进行了辩证分析和评价，还结合当今中国的社会现实探讨了反思鲍德里亚的这一思想而得出的现实启示。

第二章 人的生存方式批判之思想渊源

作为一种特殊的存在，人通过其生存实践与世界发生关联，人与世界发生关联的方式是其生存方式。人的生存方式确证着人自身和世界的本质。自人诞生之日起，哲学也一直作为世界观和方法论指引着人的生存实践。如前所述，在外国哲学史上，人的生存方式经历了由传统生存方式向现代性生存方式的转变。随着人的现代性生存方式的不断发展，其对人的生存实践的负面效应也逐渐显现出来。这种负面效应的主要表现是，作为人的现代性生存方式重要组成部分的"物义论"生存方式使人逐渐被作为客体的物（商品、技术、符号等）影响和奴役。对于人的现代性生存方式的负面效应，马克思、卢卡奇、海德格尔、哈贝马斯、马尔库塞、斯蒂格勒等诸多哲学家都进行了比较深入的研究，形成了很多影响广泛而深远的思想观点。

第一节 对人的物化生存方式的批判思想

对人的物化生存方式的批判思想的主要批判对象是人的生存实践受到物的支配和控制。在外国哲学史上，较早地对人的物化生存方式进行批判的一个代表性人物是马克思。在他看来，人"为了生活，首先就需要吃喝住穿以及其他一些东西。因此第一个历史活动就是生产满足这些需要的资料"①。这一论述在某种意义上可以被看作马克思对人生存方式的一种界定。展开来看,人要维持和延续自身的生存,就不得不进行生产。吃穿住用等消费活动也是人的生存实践的重要环节。由此可见,马克思认为,在人类历史的最初时期,人的生存方式是一种生产活动与消费活动辩证统一的生存方式。究其成因,生产活动与消费活动辩证统一的人的生存方式,在根本上是由人类历史最初时期比较落后的生产力决定的。在人类历史的最初时期,由于生产力落后,在每个人必须依靠消费物质产品才能维持和延续生存的前提下,绝大多数人都必须进行物质生产,只有这样才能维持和延续人类的生存。与此同时,落后的生产力也导致社会的分工不发达,进而也使绝大多数人处于一种生产活动与消费活动辩证统一的生存方式中。

其后,马克思也察觉到,随着分工的产生和发展,人类的生产活动和消费活动也逐渐割裂开来。基于此,以往那种生产与消费辩证统一的人的生存方式也出现了相应的变化,并且这种变化随着资本主义的产生和发展而更加明显和快速。在早期资本主义社会中,资本逻辑主要表现为资本剥削劳动者创造的剩余价值而不断增殖。在上述资本逻辑的运作下,劳动者生产的产品不归自己所有,而是大部分转化为资本反过来剥削和压迫自己。与此同时,劳动者进行的劳动的主要功能并非在于促进劳动者自身的生存和发展,而是推动资本的增殖,而资本的增殖会使资本对劳动者的剥削更加严重,因而劳动者的劳动变得与他们自身相疏离、对立。在马克思看来,这种疏离、对立是异化的一种表现。在此基础上,他认为,对于资本主义社会中的劳动者而言,他们的劳动是异化劳动。异化劳动的主要表现之一是劳动者生产的产品转化为压迫劳动者的一种物质力量。马克思之所以批判资本主义社会中的异化劳动,是出于自己代表以雇佣劳动者为主要成员的无产阶级利益的

---

① 《马克思恩格斯选集》(第一卷),人民出版社,2012年,第158页。

阶级立场,也是基于资本主义社会中资本剥削劳动的残酷现实。从人的生存方式的角度看,异化劳动在某种意义上也是人的物化生存方式在生产领域中的一个具体表现。展开来看,在生产领域中,劳动者生产的产品不仅不归自己所有,而且反过来支配和控制了自己的生存实践,即人制造的物反过来支配和控制了人自己的生存实践。此外,关于异化劳动,马克思还指出,其具体表现之一就在于"工人创造的商品越多,他就越变成廉价的商品"①。在某种意义上,此论述也隐含着人的物化生存方式在消费领域中的表现。这就是,异化劳动导致劳动者的贬值和商品的增值,进而导致人们需要消费商品来提升和彰显自己的价值,从而也导致人们产生对商品的依赖甚至是崇拜。由此,商品拜物教得以产生。

商品拜物教是马克思对人的物化生存方式进行批判的又一个重要切入点。如果说异化劳动是人的物化生存方式在生产领域中的表现之一,那么便可以说商品拜物教是人的物化生存方式在消费领域中的表现之一。"把某物尊作崇拜物,或者让它变成崇拜物,赋予它本身没有的魔力。马克思证实了存在于经济领域中的各种崇拜物。最显而易见的是商品崇拜,但最重要的至少应该是资本崇拜。"②基于此,拜物教的秘密主要在于人对某种物品过分崇拜,进而赋予它们本身并不具有的力量,而这种物品反过来支配了人的生存实践。以此类推,商品拜物教的一个主要表现在于人们对商品过分崇拜和迷恋,赋予商品本身并不具有的力量,进而商品反过来支配了人的生存实践,从而使人失去了自身的主体性。

从生存方式的角度看,商品拜物教在某种意义上也可以被看作人的物化生存方式的一种表现。在消费领域中,出于对商品的崇拜和迷恋,人们不

---

① 《马克思恩格斯文集》(第一卷),人民出版社,2009 年,第 156 页。

② See G.A.Cohen, *Karl Marx's Theory of History:A Defence*, Oxford:Oxford Universty Press, 1978, p.115.

断地购买和消费商品，进而其生存实践被商品支配和控制。另外，马克思对商品拜物教进行了深刻的批判。他指出："商品形式把人们劳动的社会性质反映为劳动产品的物的性质或其社会属性，从而把生产者同总劳动的社会关系反映为外在于生产者的物与物之间的社会关系。因此，劳动产品也变为商品这种既可以感觉而又超出感觉的物或社会的物。进而，商品形式及表现它的劳动产品的价值关系变得与劳动产品的物理性质及在其基础上形成的物的关系毫无关联，这是人们的社会关系采取了物与物的关系的虚幻形式。基于此，只能从宗教世界中找一个比喻来类比这种情况。在宗教世界里，人脑的产物是赋有生命的、彼此发生关系并同人发生关系的独立存在的东西。在商品世界里，人手制造的物品也是这样，而这就称作拜物教。作为商品来生产的劳动产品就具有拜物教性质。"①基于此，马克思认为，商品拜物教的主要表现在于人与人之间的社会关系在形式上表现为商品与商品之间的关系。劳动产品一旦成为商品，便仿佛被赋予了生命而能够独立存在，它们能够彼此发生关系并且与人发生关系。人对商品的购买和消费包含于商品与人发生的关系中。在资本主义社会中，为了维持自身的正常生活，人们必须购买和消费商品。这在某种程度上也会演变为人在消费领域物化的表现之一。人们需要购买和消费商品来维持自身的生存。在这个事实性的前提条件下，他们在对商品的不断购买和消费过程中难免产生对商品的崇拜和迷恋，进而被商品支配和控制，从而丧失自己的主体性和独立性。这体现了人在消费领域的物化，而消费是人的生存实践的基本组成部分之一。基于此，人在消费领域的物化也体现了其生存方式的物化。此外，在马克思看来，商品拜物教产生的主要内在原因可以归结为如下两个方面：其一，个体劳动者的产品只有成为商品，才意味着其私人劳动成为一种社会劳动。也就是说，其私

---

① ［德］马克思：《资本论》（第一卷），人民出版社，2018年，第89~90页。

人劳动的价值得到了社会的认可而具有了社会价值。其二,人们需要购买和消费商品来维持自身的生存。由此,人在某种程度上会形成对商品的依赖。

此外,马克思批判了由商品拜物教衍生出来的货币拜物教。在他看来,货币的神秘之处在于它也具有二重性:一方面,货币本身是商品,也具有价值;另一方面,在资本主义社会中,作为一种最普遍的一般等价物,货币可以与其他的一切商品进行交换。在资本主义社会中,货币几乎可以交换到其他一切商品。商品生产者能否成功地交换到别人生产的产品首先就取决于自己的产品能否交换到货币。或者对于资本主义社会的所有人而言,能否获得商品首先取决于能否取得或占有货币。基于此,在人们的心目中,货币具有一种控制和支配其命运的力量,所有人都得屈服于货币。这样一来,商品拜物教就衍生出货币拜物教。货币拜物教在某种意义上也是人的物化生存方式的一种具体表现。这是因为,在货币拜物教笼罩之下的资本主义社会中,人的生存实践被货币控制和支配。只有占有货币,人们才能购买到维持自身生存所需要的各种商品。而就其基本属性而言,货币也可以被称为一种特殊的社会存在物。因此,货币拜物教在某种程度上体现了人陷入一种物化生存方式。

除了对商品拜物教和货币拜物教进行批判以外,马克思也对资本拜物教进行了批判。他指出:"资本的增殖原本是资本通过剥削工人创造的剩余价值实现的,但是人们往往认为资本的增殖是它本身即物本身造成的。由此,资本好像具有了一种自我增殖的神奇力量,这就称作资本拜物教。"[1]由此可见,资本拜物教的要害之处在于误认为资本增殖是资本本身造成的。换言之,这种要害就在于误认为资本本身具有使自身增殖的生产力,同时忽视了劳动在价值创造中的基础性作用。在资本主义社会中,资本拜物教也表现

---

[1] 参见贾淑品:《马克思拜物教思想与劳动异化理论的历史与逻辑》,《上海师范大学学报(哲学社会科学版)》,2019年第4期。

为人们把资本当作整个社会最高的统治者和价值尺度。马克思还分析了资本拜物教的一些内在成因。他指出：“资本主义的生产依赖资本，资本预付生产的必要条件并且控制生产的全过程；资本的生产力依赖它对劳动力的支配和控制；商业资本对剩余价值的总量并无贡献，但市场竞争保证它获得与产业资本同等条件的报偿；看似只有作为可变资本的劳动才具备创造性。”①由此可见，资本控制了资本主义社会中包括人们的劳动在内的整个社会生产过程，以及包括商业贸易在内的流通（交换）过程。总之，资本控制了整个资本主义社会的经济运行过程。正因为如此，人们对资本产生了一种崇拜之情，进而资本拜物教也由此产生。人们的劳动或物质生产活动也是其基本的生存实践之一。从其本质看，资本是一种体现人们之间社会关系的、具有社会属性的物。基于此，在资本主义社会中，资本控制了人们的劳动或生产过程，在某种程度上也体现了人的生存方式的物化。

总之，马克思对于人的物化生存方式的批判不仅体现在消费领域，也体现在生产领域。具体而言，马克思把对人的物化生存方式批判的矛头主要指向了商品拜物教、货币拜物教和资本拜物教。对这三种拜物教的批判之共通之处在于，揭示了人自己创造的物反过来支配和控制了其生存实践，进而人产生了对这些物（商品、货币、资本等）的崇拜和迷恋，赋予其本身并不具有的某种力量，而这种力量可以支配和控制人的命运。从宏观的角度看，马克思批判的人的物化生存方式也属于人的现代性生存方式中的“物义论”生存方式。这种生存方式推崇资本逻辑、商品拜物教和技术理性主义。马克思对人的物化生存方式的批判，主要针对的就是商品拜物教和资本逻辑。因此，马克思对人的物化生存方式的批判，也属于对人的“物义论”生存方式的批判。

---

① G.A. Cohen, *Karl Marx's Theory of History：A Defence*, Oxford：Oxford Universty Press, 1978, p. 122, p.124.

在马克思之后,卢卡奇主要围绕"物化"这一概念对人的物化生存方式进行了批判。他指出,在资本主义社会中,"物化"的表现之一在于人们之间的社会关系具有了物的属性,从而具有了"幽灵般的对象性"。①卢卡奇在此处指称的物是商品。由此推之,在资本主义社会中,人们之间的社会关系具备了某种商品的性质。这种商品的性质具体表现为人们之间的社会关系变成了一种以商品为纽带的物化关系。因此,这种物化关系具有一种"幽灵般的对象性",进而与人相疏离、对立。人们之间的社会关系也是人的生存实践的一个重要组成部分,因此人们之间的社会关系的物化也意味着人陷入一种物化的生存方式。

此外,在卢卡奇看来,"物化"更深层次的一个表现在于人们意识上的物化。这意味着,人们在思想观念上已经完全被商品俘获或彻底成为商品的奴隶。换言之,一种物化意识已经形成于人们的思想观念之中,并且在其中占据了主导地位。对此,他指出,商品关系变成幽灵般的对象性的物也会在人的意识上留下其印记。进而,人使其肉体和心灵的特性起作用的能力越来越屈从于该物化形式。②由于被这种物化意识控制和支配,人们在日常的生存实践中陷入对商品的疯狂迷恋和崇拜。其具体表现之一是人在消费领域中的物化。这一点正如卢卡奇指出的,对于交换而言,其主体和客体都是抽象的、形式化的和物化的。③由此可见,在商品交换中,作为交换过程的主体,人也被物化了。这种物化表现为人在行为和意识上都被商品奴役。换言之,商品拜物教已经完全控制了人的行为和意识。在此条件下,人们购买和消费商品,并不完全是出于真正的生活需要,而更多地是出于对商品的迷恋和崇

---

① 参见[匈]卢卡奇:《历史与阶级意识》,杜章智、任立、燕宏远译,商务印书馆,2017年,第130~131页。

② 同上,第151页。

③ 同上,第153页。

拜。消费是人的生存实践的基本组成部分之一，因此人在消费领域的物化也在某种程度上体现了其生存方式的物化。

除了揭露人的物化生存方式在消费领域中的表现以外，卢卡奇还批判了人的物化生存方式在生产领域中的表现。他指出，综观劳动过程从手工业经过协作、手工工场到机器工业的发展史，可以看出合理化不断增加，工人的质的特性或个体的人的特性日益消除。一方面，劳动过程日益分解为抽象合理的局部操作，以致工人与作为整体的产品的联系被斩断，其工作也被简化为机械性和重复性的专门职能；另一方面，"由于这种合理化，并且也在这种合理化中，作为合理计算基础的社会必要劳动时间以及后来由于劳动过程的机械化和合理化日益加强而作为可以按照客观计算的劳动定额都被提了出来。随着对劳动过程的现代'心理'分析，这种合理的机械化一直推行到工人的'灵魂'里：甚至其心理特性也与其整个人格相分离和对立而被客体化，以便被结合到合理的专门系统里被归入计算的概念"[①]。基于此，卢卡奇认为，由于机器工业生产方式在资本主义社会中的兴起和大规模应用，工人的生产过程也越来越合理化和机械化。这种合理化和机械化不仅体现在客观的生产过程中，也体现在工人主观的思想意识中。

在卢卡奇的理论语境中，这种合理化和机械化是一种物化的具体表现。人不仅在客观的生产过程中像合理化和机械化的机器设备一样运转，而且在主观的思想意识方面也形成了合理化和机械化的思维方式和价值观念。总之，人越来越丧失了自己的主体性和创造性，变得越来越像无主体意识的机器设备。此外，卢卡奇认为："在根据计算或可计算性来调节的合理化原则的影响下，处于经济过程中的主体和客体也发生了两个决定性的变化，其中一个变化就在于生产的客体被分成许多部分，这也必然意味着其主体被分

---

① ［匈］卢卡奇：《历史与阶级意识》，杜章智、任立、燕宏远译，商务印书馆，2017 年，第135 页。

成许多部分。"①由此可见,在资本主义经济的运行过程中,生产过程中的客体(原材料、机器设备等)被分割为很多部分。此状况也导致人作为生产过程的主体,也不得不被分割为很多部分,即人也变得像生产过程中的客体一样物化和机械化。由于这种情况,"不管在客观方面还是在他对劳动过程的态度方面,人都不是该过程实际上的主人,而是作为一个机械化的零件被纳入某个机械系统中。他察觉到该机械系统是现成的、彻底不依靠他而运转的。不管自己是否自愿,他都必须遵循它的规律。在劳动过程日益合理化和机械化的推动之下,工人的活动日益失去其主动性而变成一种直观的态度,从而日益丧失意志"②。基于此,卢卡奇认为,在资本主义社会的经济运行过程中,由于根据可计算性来加以调节的合理化原则的影响,人在其劳动过程中的主体地位已经丧失。反过来,人也成为生产过程中机械系统的一部分。此机械系统的运行不以人的意志为转移,人必须服从其运行规律。在资本主义社会的经济运行过程中,人在客观上已经成为生产过程中机械系统的一种特殊零部件,而不再是具有主体地位的劳动者。简而言之,人在客观活动方面已经物化。与此同时,随着劳动过程的合理化和机械化程度的不断加深,人在劳动过程中的主体意志也逐渐丧失。这是人的物化在其主观意识方面的表现。人的劳动过程或生产活动是其生存实践的基本组成部分之一。基于此,人在劳动过程或生产活动中的物化也意味着人的生存方式的物化。

总之,在卢卡奇看来,人的物化生存方式不仅体现在消费领域中,也体现在生产领域中。在生产领域中,人的物化生存方式不仅体现在其客观活动方面,也体现在其主观意识方面。批判人在主观意识方面的物化也是卢卡奇对人的物化生存方式批判思想中比较有创见的一点。他之所以将批判的矛头对准人的主观意识方面的物化,主要是鉴于西方资本主义国家的无产阶

---

① [匈]卢卡奇:《历史与阶级意识》,杜章智、任立、燕宏远译,商务印书馆,2017年,第135页。
② 同上,第136~137页。

级被物化意识支配，从而丧失了其应该具有的阶级意识，进而也难以承担推动无产阶级革命的历史使命。因此，卢卡奇希望通过批判人的主观意识方面的物化，从而激发和唤醒无产阶级的阶级意识，进而使其肩负起进行无产阶级革命的历史使命。在卢卡奇看来，人的物化生存方式是一种涉及人的客观活动和主观意识的全面的物化生存方式。因此，人难以摆脱这种生存方式。从宏观的角度看，卢卡奇批判的人的物化生存方式也可以被归入人的现代性生存方式。人的现代性生存方式中的一个重要组成部分是推崇资本逻辑、商品拜物教和技术理性主义的"物义论"生存方式。基于此，卢卡奇对人的物化生存方式的批判，在某种程度上也属于对人的"物义论"生存方式的批判。

马克思和卢卡奇对人的物化生存方式的批判思想，在一定程度上也被鲍德里亚借鉴和吸收。这主要体现在如下四点：

第一，就其本质而言，鲍德里亚批判的人的符号化生存方式也属于一种特别的物化生存方式，只不过主角是符号这种特殊的物或商品。

第二，贯穿于马克思和卢卡奇对人的物化生存方式的批判思想的一条内在、深层的线索是对资本逻辑的揭露和批判，而这一线索也内含于鲍德里亚对人的符号化生存方式的批判思想中。由此可见，鲍德里亚对人的符号化生存方式的批判思想在某种程度上延续了马克思和卢卡奇对人的物化生存方式的批判思想包含的对商品拜物教和资本逻辑的批判思想。从宏观的角度看，鲍德里亚批判的人的符号化生存方式，也可以被看作组成人的现代性生存方式的两个主要部分之一的人的"物义论"生存方式的特殊形式。因此，鲍德里亚对人的符号化生存方式的批判思想，在某种意义上延续了马克思和卢卡奇对人的"物义论"生存方式的批判思想。

第三，在马克思看来，人的物化生存方式主要体现在生产领域中，在一定程度上也体现在消费领域中。在卢卡奇看来，人的物化生存方式不仅体现在生产、消费等客观活动层面，也体现在主观意识层面。鲍德里亚对人的符号化生存方式的批判思想也涉及生产、消费等人的客观活动及其主观意识的符号化。这也再一次说明鲍德里亚对人的符号化生存方式的批判思想在一定程度上吸收和借鉴了马克思和卢卡奇关于人的物化生存方式的批判思想。

第四，从拜物教批判的角度看，马克思对人的物化生存方式的批判主要表现为对商品拜物教、货币拜物教和资本拜物教的批判。这三大拜物教的批判主要是马克思基于早期资本主义社会中商品、货币和资本支配人的生存实践的社会现实而展开的。在吸收和借鉴马克思拜物教批判思想的基础上，卢卡奇围绕"物化"概念进一步深化了对商品拜物教的批判。基于晚期资本主义社会的现实，鲍德里亚察觉到随着商品的极大丰盛和消费的不断增长，商品的价值不仅仅在于其使用价值，更加主要地在于其符号价值。换言之，商品的使用价值已经让位于其符号价值。[①]在晚期资本主义社会中，商品的符号价值支配和控制了人的生存实践，这意味着符号拜物教的形成。由此可见，符号拜物教也就是由商品拜物教演变而来。只不过，这两者分别形成于资本主义社会的不同时期，并且立足资本主义社会不同时期的经济状况。在某种程度上，鲍德里亚对符号拜物教的批判思想是在吸收和借鉴马克思、卢卡奇对商品拜物教的批判思想的基础上形成的。鲍德里亚对符号拜物教的批判思想也是他对人的符号化生存方式的批判思想的主要组成部分。从拜物教批判的角度看，鲍德里亚对人的符号化生存方式的批判思想在一定程度上吸收和借鉴了马克思和卢卡奇关于人的物化生存方式的批判思想。

第二节　对人的技术化生存方式的批判思想

除了人的物化生存方式以外，人的技术化生存方式也是很多外国哲学

---

① 参见仰海峰：《拜物教批判：马克思与鲍德里亚》，《学术研究》，2003 年第 5 期。

家批判的对象。对人的技术化生存方式的批判思想的主要批判对象就是人的生存实践受到技术的支配和控制。海德格尔是一位较早关注和批判该问题并且具有代表性的德国哲学家。他关于人的技术化生存方式批判的思想观点蕴含于其著作中。

在《技术的追问》一文中，海德格尔首先对技术的本质进行了回答。他指出，"对技术是什么这个问题有两种回答：一是，技术是合目的的手段。二是，技术是人的行为。关于技术的这两个规定原为一体。这是因为，设定目的并且创造和运用合目的的手段，就属于人的行为"①。由此可见，海德格尔认为，从其功能的角度看，技术是一种人能加以利用的手段，它具有合目的性。从其主体的角度看，技术是一种专属于人的行为。简而言之，人能运用技术来实现自己的目的。从主客体二元论的角度看，海德格尔对技术本质的规定在某种程度上体现了其人本主义的立场。他认为，在人与技术的二元相互关系中，技术是作为主体的人创造和使用的一种客体。

海德格尔对技术本质的规定同其存在主义哲学的理论旨趣也是一致的。在他看来，人的存在是第一位的，而存在的手段应该为人的存在服务。因此，作为人存在手段的技术也应该为人的存在服务。海德格尔进一步指出："技术的本质蕴含技术服务的各种需要和目的。"②关于此处的"需要"，他还作了如下注释："（经济——满足需求——消费）工业。提高了消费的潜能。"③由此可见，在海德格尔看来，技术的本质包含着促进工业和经济发展，从而满足人的消费需求，进而提高人的消费潜力的作用。更进一步而言，技术能推动人的消费的发展。对于技术的这种作用，可以从以下两个方面来分析：从正面的角度看，技术推动人的消费的发展，这会提高人的生活水平；从负面的角度看，技术推动人的消费的发展，这也会使人在不断地消费中产生对技

---

①②③　[德]马丁·海德格尔：《海德格尔文集：演讲与论文集》，孙周兴译，商务印书馆，2018年，第6页。

术的依赖和崇拜,从而丧失自己的主体性。消费是人的生存实践的一个基本组成部分,因此技术会在某种程度上控制和支配人的生存方式,使人沉沦于技术化生存方式。

此外,海德格尔将技术的本质称作集置。对于人类而言,集置具有两面性的作用:一方面,集置具有一种解蔽的作用,"集置让人用订置方式将现实事物当作持存物来解蔽"①。由此可见,作为解蔽手段的技术能有效地协助人们认识和改造现实世界中的各种事物。另一方面,集置对人类有一种促逼和遮蔽作用,"集置意味着那种摆置的聚集者,这种摆置摆置或促逼着人,让人用订置方式将现实作为持存物来解蔽"②。由此可见,集置意味着对人的促逼,即本质是集置的技术逼迫人用订置方式将现实作为持存物来解蔽。虽然技术能有效地协助人们进行认识和改造现实世界的活动,但是人们在运用技术的过程中反过来也会受到技术的支配和控制。在认识和改造现实世界的活动中,人们对技术的运用越长久和熟练,就会使自己越来越依赖技术。与此同时,人们自身的本质力量会逐渐衰弱,技术反过来支配和控制人们,逼迫人们继续运用它们去认识和改造现实世界中的事物。正是在改造现实世界的活动中,人们才得以维持和延续自己的生存和发展。基于此,人们改造现实世界的活动是其生存实践。技术反过来逼迫人们继续运用它们来进行改造现实世界的活动,这也意味着人被技术化生存方式支配。此外,集置意味着对人的一种遮蔽。"因为集置对人的此种促逼将人聚集到订置中。这种聚集让人专注于将现实订置为持存物。"③技术不仅可以协助人们认识和改造现实世界,推动人们的生存实践。与此同时,人们被技术逼迫着利用它

① [德]马丁·海德格尔:《海德格尔文集:演讲与论文集》,孙周兴译,商务印书馆,2018年,第26页。

② 同上,第22页。

③ 同上,第20页。

去认识和改造现实世界。在人们利用技术推进自身生存实践的过程中，技术也深刻地融入其生存实践，人们生存实践的各环节都被打上了技术的烙印，甚至人们生存实践的各环节都形成了对技术的一种依赖。由此可见，在现代社会中，技术已经深刻地渗透到人们生存实践的各环节，并且在这些环节中都打上了其烙印。一旦完全脱离了技术，人们将无法继续正常维持和推进其生存实践。技术对人的遮蔽体现在技术渗入人们生存实践的各环节，构成人们生存实践的必经中介和必需手段。因此，它遮蔽了人们的本质力量，也使人们的生存实践打上了技术的烙印，使人们无法真正凭借其主体性力量来独立自主地进行其生存实践。在海德格尔看来，技术能有效促进人们生存实践的发展；但技术也迫使人们推动其生存实践的发展，进而使其生存实践形成对技术的依赖，并被技术支配和控制。

总之，在海德格尔对技术本质的探究中，包含着技术支配和控制人的生存方式或人堕入一种技术化生存方式这样一种思想观点。从他对人的技术化生存方式的态度看，海德格尔所持的态度相对比较中立。一方面，他认为，人的技术化生存方式促进了整个社会的生产和消费的发展，推动了人的生活水平的改善，这一点尤其体现在人的物质生活水平方面。另一方面，他分析了人的技术化生存方式或技术对于人的生存状态的负面影响。技术在给人带来生活的便捷和福利的同时，也使人在对技术的运用中形成了对技术的依赖。由此，人的主体性力量受到削弱，从而不利于人独立自主地推进其生存实践。此外，技术的不断更新换代和加速发展，也对人施加了一种无形而巨大的压力。技术"促逼"人不断借助日新月异的技术去认识和改造现实世界，不断维持和延续其生存实践，从而将人束缚于一种技术化生存方式的泥潭中。另外，在海德格尔看来，现代性的本质是把现代主体性哲学展现于现代科学技术中，而现代科学技术主导了人的现代性生存方式。在人的现代性生存方式中，现代科学技术通过表象活动将一切对象都"集置"成客体，进而导致"世界成为图像"。在现代主体性哲学的影响下,世界成为被主体表象和筹划的"图像"。然而作为主体的人实际上并未成为自己的主人,而是被抛入世界,最终无家可归。

在海德格尔这里,对人的现代性生存方式的批判主要是对现代主体性哲学和现代科学技术的批判。他对现代科学技术的批判主要集中于批判现代科学技术使人被技术化的生存方式支配。在海德格尔看来,对人的现代性生存方式批判的一个主要切入点是对人的技术化生存方式的批判。海德格尔对人的技术化生存方式的批判思想,在一定程度上被鲍德里亚吸收和借鉴。在鲍德里亚看来,技术对人的生存实践具有两面性的作用:技术确实可以有力促进人的生存实践的发展,并且大幅提高人的生活水平;但技术反过来控制和支配人的生存实践,因而使人封闭于技术化生存方式。与此同时,在技术的支撑之下,符号也逐渐支配和控制了人的生存实践,从而也使人陷入符号化生存方式。

在海德格尔之后,马尔库塞对后工业社会进行了比较全面、深刻的批判,他批判的一个切入点是扩张的技术与人的消费的关系。他指出:"为特定社会利益而从外部强加于个人的需要是'虚假的'。"[1]在作出如上定义之后,他又指出:"诸如休息、娱乐、按广告宣传来处世和消费都属于虚假的需要这个范畴。"[2]基于此,他认为,按广告宣传来消费也属于一种"虚假的需要"。人们之所以按照广告宣传来消费,其直接原因在于广告宣传诱导了人们的思想意识,刺激人们产生"虚假的"消费需要,进而进行消费活动。在马尔库塞看来,人们在广告的刺激下产生的消费需要并非真正自主、完全真实的消费需要。因此,他称这种需要为"虚假的需要"。从其本质看,广告的大行其道属于一种技术的扩张。这种技术的扩张是电子传媒技术的扩张。基于此,接受

---

[1][2] [美]赫伯特·马尔库塞:《单向度的人》,刘继译,上海译文出版社,重庆出版社,2016年,第6页。

广告的刺激而产生"虚假的需要",进而按广告宣传来消费,体现了技术对人们消费的支配和控制。消费是人生存实践的基本组成部分之一,因此在某种意义上,按广告宣传来消费也体现了人已经形成了技术化生存方式。综上所述,马尔库塞认为,以广告等为代表的电子传媒技术的扩张使人产生虚假的消费需要,进而进行日常消费活动。在这种情况下,人逐渐被技术化生存方式控制。对于人的技术化生存方式,马尔库塞所持的是一种比较悲观的态度。他认为,当资本主义社会演变到发达工业社会这一阶段,技术的变革和发展日新月异,技术的力量空前强大。在这种情况下,技术渗入人的社会生活的各个方面,在很大程度上无形地控制了人的社会生活。其中,一个比较突出的表现是技术深刻地控制和影响了人的消费活动。随着现代电子传媒技术的发展,广告等大众传媒在很大程度上诱惑和引导了人们的消费活动。它激发了人们潜在的消费欲望,使人们产生虚假的消费需要,进而进行了很多看似自主、实则被动的消费活动。在这些大量的消费活动中,人们逐渐沦为一种片面追求物质生活享受,并且丧失了自身主体性、创造性以及独立思考和判断能力的"单向度的人"。由此可见,马尔库塞对人的技术化生存方式进行批判的主要切入点,是以广告为代表的电子传媒技术诱导和支配了人的消费活动。在鲍德里亚看来,消费社会中生产领域和消费领域的技术进步使人沦为"消费者"这一普遍性的符号。鲍德里亚指称的"消费者"在一定程度上与马尔库塞指称的"单向度的人"有共通之处。这是因为,"消费者"的主要思想特征和行为特征也在于片面注重对物质产品的消费。

在马尔库塞之后,哈贝马斯也以技术为切入点对发达工业社会的问题进行了剖析。在哈贝马斯看来,发达工业社会中的技术在某种意义上已经成为一种特殊而强大的意识形态。对此,他引用马尔库塞对韦伯的批判性结论进行了论述:"技术理性的概念也许就是意识形态。技术理性的运用和技术都是(对自然和人的)筹划好的统治。统治的目的和利益早已蕴含于技术设备的结构中。某个社会和该社会占统治地位的兴趣计划利用人和物而将做的事情,都要运用技术来设计。"①由此可见,哈贝马斯认为,技术本身就是一个社会的一种统治形式,它体现了一个社会中占统治地位的阶级的意志和目的。在哈巴马斯和马尔库塞研究的发达资本主义社会中,技术主要代表资产阶级的意志和目的。正是通过推动技术的不断革新和发展,并且在社会生产生活的各领域广泛而深入地应用技术,资产阶级才使技术的触角渗透和延伸到社会生产生活的各方面,从而实现对整个社会的有效控制和统治。甚至在技术这种特殊意识形态的持续作用下,无产阶级也被资产阶级收买,从而丧失了阶级意识,成为只致力于追求富足物质生活的、单向度的人。

在整个社会中,技术作为一种新的统治力量和统治形式不仅表现在物质层面,也表现在精神层面。在物质层面,技术渗透到人生产生活的各领域,并且人生产生活的各方面都被技术控制。在精神层面,技术也占据和支配了人的思想意识。人陷入一种技术至上或技术理性主义的思维方式中。除此之外,他指出:"人们运用科学来支配的自然重现于既生产又破坏的技术装备中,这种技术装备支撑和改善个人的生活。与此同时,它们使个人屈服于作为主人的技术装备。"②由此推之,哈贝马斯认为,技术能促进社会生产力和经济的发展,推动个人的消费,进而改善个人的生活。与此同时,技术反过来也在一定程度上控制和支配人,使人屈从于技术的支配和统治,进而人们陷入一种技术化生存方式的泥潭。

总之,哈贝马斯认为,在发达资本主义社会中,随着技术的不断发展及技术对社会生活各方面的不断渗透和控制,人彻底被技术化生存方式支配和统治。对于人的技术化生存方式,哈贝马斯也是持一种比较悲观的态度。

---

① [德]哈贝马斯:《作为"意识形态"的科学与技术》,李黎、郭官义译,学林出版社,1999年,第39~40页。

① 同上,第43页。

在他看来,技术在某种程度上已经成为一种特殊的统治形式和意识形态。在资本主义的发达工业社会中,随着技术日新月异的发展,技术的力量也非常强大。基于这种条件,技术被人们广泛应用于其生存实践的各方面。与此同时,技术也渗入整个社会的各领域和人的生存实践的各方面。这样一来,技术在无形中牢牢地控制了人的生存实践。也就是说,人的生存方式也深深地打上了现代技术的烙印。在发达工业社会中,人的生存实践已经无法摆脱技术的影响和控制。一旦脱离技术,人的生存实践将无法正常进行。综上所述,在哈贝马斯看来,在发达工业社会中,人的技术化生存方式主要表现为技术作为一种新的统治形式在无形中强有力地控制了人的生存实践乃至其思想意识。他认为,人的技术化生存方式具有全面性和彻底性。因此,人难以摆脱技术化生存方式。鲍德里亚对人的符号化生存方式的批判思想也蕴含了对于人的技术化生存方式的批判。鲍德里亚认为,在消费社会中,人的符号化生存方式得以形成的一个重要原因是技术的推动。在消费社会中,技术深入地渗透到社会生活的各方面和人对物的生产、消费等生存实践中,并且支配和控制了人的生存实践。在技术的帮助和推动下,符号也支配和控制了人的生存实践,进而使人陷入一种符号化生存方式。上述符号化生存方式形成的条件之一是技术化生存方式。

在哈贝马斯之后,斯蒂格勒也比较深入地批判了人的技术化生存方式。在斯蒂格勒看来,"人因爱比米修斯的遗忘而诞生:在分配属性时,他忘了给人保留一个属性,以致人一无所有。因此,人缺乏存在或尚未存在。对于人而言,其存在的条件是用义肢性的装备弥补自身的原始缺陷"[①]。由于爱比米修斯的"遗忘过失",相比于其他动物,人这一存在物具有一个先天的严重缺陷,那就是人并不具有先天的、可通过遗传而获得的一技之长。因此,人必须

---

① [法]贝尔纳·斯蒂格勒:《技术与时间》(第1卷),裴程译,译林出版社,2000年,第135页。

通过创造和借助后天的义肢性装备才能实现自身的存在和发展。这一点有些类似于基督教的"原罪说"。"原罪说"的主要内容就在于,人生来是有罪的。因此,人只有一心一意爱上帝,并且按照上帝的神谕和圣经的戒律不断修炼品行、积累善功,最终才能使自己得到救赎,从而得以让自己的灵魂在自己死后进入天堂。斯蒂格勒认为,相对于其他动物,人生来不具备专属于自己的特殊属性。特殊属性的缺乏是人的一个先天缺陷,这个先天缺陷在一定程度上也意味着人缺乏或尚未展开存在。因此,人就必须依靠外部的义肢性装备来弥补这一缺陷,从而实现自己的存在和推动自己的发展。在斯蒂格勒看来,技术在本质上是人的一种义肢性装备。对此,他指出:"相比于动物得到的各种属性,人的属性是技术,而技术具有义肢性。换言之,人的技术性能是人为的。动物的属性是天性,或至少是神的善意赏赐:宿命。人的属性并无善意,而是一个替代。我无性能,也就无宿命。因此,人必须不断创造和实现自己的性能。"①基于此,斯蒂格勒认为,从技术产生的原因看,人之所以要发明技术,主要是为了弥补自身的先天性缺陷,从而实现自己更好的存在和发展。此外,从技术的性质或功能看,技术并非人的身体天生固有的一部分,而只是一种外在于人的身体的义肢性工具,其主要作用是替代人的某些肢体功能或弥补上述功能的不足。人是为了弥补自身先天的功能缺陷而创造和运用技术。与此同时,因为人不具备类似于其他动物的先天性能,人也没有如同其他动物那般的宿命。所以一旦创造和应用技术以后,人也必须不断推进技术的发展,从而实现自身性能的不断提高。基于此,人的生存实践都深深地打上了技术的烙印,并且受到技术的深刻渗透和影响。随着技术的不断革新和发展,技术越来越具有脱离人的支配和控制的倾向,越来越不受人的支配和控制。反过来,技术却在一定程度上支配和控制了人的生存实践。

---

① [法]贝尔纳·斯蒂格勒:《技术与时间》(第1卷),裴程译,译林出版社,2000年,第227页。

由此,人被技术化生存方式宰制。他还指出:"程序工业尤其是广播电视信息的媒体工业,生产许多的时间物体。这些物体的特征在于被成千上万的'意识'同时收听或收看。"①由于电子信息技术的进步,以广播电视为代表的媒体工业能够制造大量的时间物体(广播电视节目)来供广大观众收听或收看。从某种意义上而言,这些时间物体就是电子信息技术制造的一种商品。广大观众就是这些作为商品的时间物体的消费者,他们的收听或收看行为就是对这些时间物体的消费行为。消费是人的生存实践的一个基本组成部分。因此,人对于这些电子信息技术制造的时间物体的消费,在某种意义上也折射出人的生存方式的技术化。斯蒂格勒认为:"在当今社会中,信息相当于一种特殊的商品,其价值由其传播速度来决定。"②在他看来,当今社会信息技术的发展已经使信息成为一种商品,而人们对信息的获取和应用,其实就是一种对信息的消费行为。消费也是人的生存实践的基本组成部分之一。因此,信息技术使信息成为商品来供人们消费,这在某种意义上也反映了人的生存实践被技术渗透和控制。简而言之,它反映了人的生存方式技术化。此外,基于对利奥塔的《后现代条件》一书的研读和评述,斯蒂格勒认为,后现代社会的知识新型模式一直都被技术科学关注着。在其本质上和其进化过程中,它都受到交流的技术载体的制约和影响。由此可见,在后现代社会中,知识新型模式的发展始终受到技术的制约和影响。以上状况导致"知识已成为并继续成为可出售的产品,而且目前是将来也是在下一轮生产中获得价值的消费品"③。后现代社会的知识已经沦落为一种人们交换和消费的商品。从其形式的层面看,知识属于一种信息商品。与此同时,知识新型模式

---

① [法]贝尔纳·斯蒂格勒:《技术与时间》(第 2 卷),赵和平、印螺译,译林出版社,2010 年,第 277 页。

② 同上,第 118 页。

③ 同上,第 124 页。

的发展始终受到技术的制约和影响。由此推之,知识之所以沦为信息商品而被人消费,在很大程度上是由信息技术的发展导致的。对知识这种特殊信息商品的消费也构成了后现代社会中人的基本生存实践活动之一。因此,信息技术的发展导致知识这种信息商品被人消费,这体现了信息技术对人的生存实践的渗透和影响,也体现了人的生存方式的技术化。

总之,在斯蒂格勒的理论语境中,不论是从技术与人的生存和发展之关系的角度看,还是从后现代社会中信息技术与信息商品、信息消费之关系的角度看,技术都对人的生存实践产生了深刻的影响。简而言之,斯蒂格勒认为,在后现代社会中,人已然陷入一种技术化生存方式的泥潭。客观而言,斯蒂格勒对人的技术化生存方式的态度还是比较中立的。在他看来,相对于人的生存实践而言,技术就是"义肢"。这在某种程度上就意味着,技术对于人的生存实践具有一定的辅助作用。不过与此同时,他也指出,随着技术的不断发展,技术对人的生存实践的渗透和控制也不断深化。人的生存实践也越来越受到技术的支配和控制,进而技术对人的生存实践也会带来一定的负面效应。总之,斯蒂格勒既看到了技术对人的生存实践的正面作用,也看到了技术对其生存实践的潜在威胁和危害。在对消费社会中人的符号化生存方式进行批判的过程中,鲍德里亚也对人的技术化生存方式进行了批判。

就其共同之处而言,上述这几方面关于人的技术化生存方式的批判思想都主要着力于对人的现代性生存方式中以技术理性主义为一个中心的"物义论"生存方式的批判。这些思想在一定程度上被鲍德里亚吸收和借鉴。鲍德里亚对人的符号化生存方式的批判思想也内在地包含了对人的技术化生存方式的批判。在他看来,技术也是人的符号化生存方式形成和运行的一个重要原因。此外,在人的符号化生存方式中,技术也一直深刻地控制和影响着人的生存实践。

第三节　对人的符号化生存方式的批判思想

对人的符号化生存方式的批判思想的主要批判对象就是人的生存实践受到符号的支配和控制。在鲍德里亚之前,对现代社会中人的符号化生存方式进行批判和思考的外国哲学家主要有巴特、德波和列斐伏尔。

在《流行体系:符号学与服饰符码》中,巴特对流行体系进行了符号学阐释。在他看来,"流行体系的最深层功能也许是意义否定实体的抽象内部价值"①。由此可见,他认为,流行体系的主要功能在于通过传播和凸显物的意义而否定其内部价值。意义更多地是对于符号而言的。因此,在流行体系中,物在很大程度上已经变为一种符号,其得到人们重视的主要价值在于其意义。基于此,人们在流行体系中对物的消费在很大程度上也就是对它的意义或符号价值的消费。此外,他还指出:"激发欲望的是名而非物,出售的是意义而非梦想。"②在流行体系中,真正能够激发人们购买和消费欲望的不是物本身,而是物的意义。意义主要表现为符号的一种价值和功能。流行体系中的物在某种程度上已经变成了符号。因此,人们在流行体系之意象系统的驱使下购买和消费物品,实际上消费的并不是物品纯粹的使用价值,而是物品的意义。由此可见,在流行体系中,物的符号意义已经在很大程度上诱导和控制了人们的消费活动。从其本质看,流行体系是一个由各式各样的流行商品构成的复杂系统。由此推之,流行体系中的物是商品。总之,在流行体系中,商品的符号意义控制了消费活动。消费活动是人的生存实践的一个基本组成部分。因此,商品的符号意义控制人的消费活动,这在某种意义上意味

---

① ［法］罗兰·巴特:《流行体系:符号学与服饰符码》,敖军译,上海人民出版社,2000 年,第311页。

② 同上,前言第 4 页。

着人的生存实践被符号控制,即人陷入一种符号化生存方式。

除巴特以外,德波主要探讨了"景观"的意象符号与消费的问题。他指出:"景观是商品达到对社会全面占领的时刻。"①在德波看来,从其本质看,景观是社会被商品全面控制的新阶段。基于此,景观社会也可以说是商品社会的完成形态。这一点在某种程度上体现了景观社会与商品社会之间的一种关联。与此同时,德波认为,这两者之间的差异也是显而易见的。这两者之间的差异包括如下两个方面:其一,处于它们内部的商品交换的主要目的不同。在商品社会中,取得使用价值依然是商品交换的主要目的之一。然而在景观社会中,"使用价值走向了衰落"②。也就是说,在景观社会中,商品交换的主要目的不再是取得其使用价值。这主要是因为,"在景观社会中,凭借对使用价值的全面控制,交换价值创造了自己运行的条件"③。其二,处于它们内部的商品分解成的两个要素不同。"在商品社会中,使用价值和交换价值是商品分解成的两个要素。在景观社会中,现实和意象是商品分解成的两个部分。"④在德波看来,景观社会指的是意象中介了人们之间的社会关系。基于此,景观社会是人们之间的一切社会关系都受到"景观"的意象统治的社会。消费活动是人们之间社会关系的一个重要环节。由此推之,人们的消费活动也受到了"景观"的意象的统治。他还指出:"景观的语言由统治生产的符号组成。"⑤景观的语言是一种统治性的符号,景观通过这种统治性的符号对社会发生作用。既然如此,景观如何通过统治性的符号对社会发生作用呢?在此处,大众传媒的作用不得不被指出和关注。

在德波看来,"使景观发挥作用的正是大众传媒。对此,贝斯特指出,景

① Guy Debord, *Society of the Spectacle*, trans. Ken Knabb, London: Aldgate Press, 2005, p.17.

② Ibid., p.20.

③④ 仰海峰:《符号之镜》,北京师范大学出版社,2018年,第66页。

⑤ Guy Debord, *Society of the Spectacle*, trans. Ken Knabb, London: Aldgate Press, 2005, p.3.

观社会立足于大众传媒社会的基础上"①。也就是说,景观对于整个社会的统治,是以大众传媒为中介工具来实现的。大众传媒生产和传播了商品的符号(景观的符号),从而使人们在其思想意识中生成商品的"意象"(景观的"意象"),进而人们才会购买和消费商品。关于这一点,德波也指出:"景观的代理人被当作明星搬上舞台……消费的明星也是不同类型的人格之外部表现,它展示出这些类型中的每一个都可以平等地到达消费的总体并且从中找到相似的幸福。"②由此可见,作为一种消费明星,景观的代理人能诱导人们的消费活动。从某种意义上而言,这种消费明星相当于一种景观的意象符号,它以无声的方式"说服"和诱导人们参照自己来进行消费活动。因此,也可以说"景观"的意象符号诱导了人们的消费活动。

　　德波对"可消费的伪循环时间"的论述也佐证了这一点。他指出,"现代经济的存活之伪循环时间是消费的时间"③,"可消费的伪循环时间是景观的时间,它在狭义上是图像消费的时间,在广义上是时间消费的图像。图像消费的时间……不可分离地是景观工具完全运转于其中的领域,也是在全球范围内表现为所有特别消费的地点和中心方面的景观工具之目的"④。由此可见,人们对伪循环时间的消费,也受到景观工具的影响。景观工具制造出来的图像等意象符号诱导和控制了人们的时间消费活动,使人们无意识地在"景观"意象符号的诱惑和引导下消费自己的时间。另外,德波认为,景观是一种关于自我与世界关系,以及个人命运的伪答案,"对商品的认可和消费位于这个伪答案的中心"⑤。由此可见,景观以对商品的认可和消费为中心,这一点也内在地隐含着"景观"的意象符号具有诱导消费的作用。总之,

---

① 仰海峰:《符号之镜》,北京师范大学出版社,2018年,第67页。

② Guy Debord, *Society of the Spectacle*, trans. Ken Knabb, London: Aldgate Press, 2005, p.27.

③ Guy Debord, *Society of the Spectacle*, trans. Ken Knabb, London: Aldgate Press, 2005, p.77.

④ Ibid., p.78.

⑤ [法]居伊·德波:《景观社会》,张新木译,南京大学出版社,2017年,第138页。

在德波看来,"在景观社会中,获得使用价值已经不是商品交换的主要目的,交换价值成为交换的缘由。在大众传媒的作用下,交换价值被传媒生成的意象吸收。因为这样,消费变为意象消费的过程"①。大众传媒产生的"景观"意象符号诱导和统治了人们的消费活动。人们的消费活动是其生存实践的基本组成部分之一。因此,"景观"的意象符号诱导和统治了人们的消费活动,在某种意义上反映了人的生存方式的符号化。

除了德波以外,列斐伏尔也对人的符号化生存方式进行了批判。他指出:"在20世纪,技术客体以史无前例的速度渗透到人们的日常生活中。新商品和大众传媒让人们在作出最重大选择的日常生活私人领域中保持他们的消极性,让他们安分守己,遵守规矩;汽车使生活私人化,电视、广播和报纸使群众镇定,而新商品连接加剧异化的整个意义结构,这与马克思从商品生产到商品流通中揭示拜物教的情形已然有很大差异。"②在列斐伏尔看来,20世纪的拜物教已经不同于马克思批判的商品拜物教。商品已经不再是纯粹的商品,而是一些带有特殊意义的符号。人们崇拜商品,不是因为其价值和使用价值,而是因为其意义。基于此,在列斐伏尔看来,马克思批判的商品拜物教已经不足以界定和概括这样的一种拜物教现象。这种拜物教在某种意义上也许可以被称作符号拜物教。符号拜物教主要指在消费领域中,人沦为符号的奴隶,进而人为了占有符号的特殊意义而陷入对符号商品的疯狂购买和消费之中。换言之,符号支配和控制了人的消费活动。消费是人的生存实践的基本组成部分之一。基于此,符号拜物教在某种程度上体现了人的生存方式的符号化。此外,列斐伏尔指出:"在现代世界的日常生活中,从本质来看,消费品是一些含有意义的符号。日常生活的符号学领域将消费者归为消极性。有组织的大众传媒消除了听众的独立性和判断。如此一来,在主体

---

① 仰海峰:《符号之镜》,北京师范大学出版社,2018年,第72~73页。

② 徐崇温:《"西方马克思主义"》,天津人民出版社,1982年,第406页。

与客体的相互作用中,客体成了能动的,而主体成为消极的。"①由此推之,列斐伏尔认为,现代社会中的消费品在某种程度上是一些具有自身特殊意义的符号。在大众传媒的诱导下,人们在消费活动中失去了自己的独立性和判断力,进而人们被作为符号的消费品支配和控制。消费活动是人的生存实践的一个基本组成部分。基于此,人们在消费活动中被作为符号的消费品支配和控制,就意味着人的生存方式的符号化。

列斐伏尔还指出,在消费主义大行其道的现代社会中,"随着大众传媒的扩散,处在信号形式中的影像抚慰了消费者,并且用神秘情报轰击汽车里和电视台前面的消费者。社会世界被片断化为过量的符号学体系"②。由此推之,列斐伏尔认为,现代社会中的大众传媒也是符号的传播工具,它们传播的不仅是信息,而且更加主要地是具有意义的符号。这些符号的作用是引导和诱惑消费者,使他们购买和消费这些符号指称或对应的商品。商品在某种程度上也是一种具有意义的符号,因此人们购买商品的过程实际上也可以看作一种符号交换的过程。人们通过出让货币等一般等价物而换来的价值不仅是商品的使用价值,而且更加主要地是商品作为一种符号的意义,也可以说是商品的符号价值。总之,在现代社会中,由于消费品这种商品在某种程度上已经变为一种符号,其价值不仅是其使用价值,更加主要地是其作为一种符号的意义和价值。在消费主义大行其道的现代社会中,商品的符号价值已经凸显。正是因为这样,人们购买商品的过程在某种意义上也变为一种符号交换的过程。购买商品的过程是人的生存实践的一个重要环节。基于此,在列斐伏尔看来,人陷入一种符号化的生存方式。

巴特、德波、列斐伏尔对人的符号化生存方式的批判思想,直接影响和启发了鲍德里亚。

---

① 徐崇温:《"西方马克思主义"》,天津人民出版社,1982 年,第 406 页。

② 同上,第 407 页。

首先,巴特对流行体系的符号学阐释直接启发了鲍德里亚。在借鉴巴特思想观点的基础上,鲍德里亚提出了对时尚体系的符号学批判思想。而鲍德里亚对时尚体系的符号学批判思想是他对人的符号化生存方式批判思想的一个重要组成部分。与此同时,巴特对流行体系的符号学阐释,正是他运用自己的符号学理论来审视社会生活的一种具有创造性的理论尝试,这种理论尝试也为鲍德里亚对后现代社会的审视和批判提供了很好的理论参考。正是通过运用巴特的符号学理论等理论工具审视后现代社会的经济发展状况,鲍德里亚才敏锐地觉察到:在后现代社会中,符号支配和控制了人的生存实践。进而在对这种现象进行批判的基础上,他形成了自己对消费社会中人的符号化生存方式的批判思想。

其次,德波关于景观的意象符号统治人的消费活动的思想观点也直接启发了鲍德里亚。基于德波的上述思想观点,鲍德里亚指出,在后现代社会中,符号统治了人的所有生存实践。立足这种社会实际状况,他形成了自己关于消费社会中人的符号化生存方式的批判思想。

最后,在列斐伏尔看来,现代社会中的消费品已经成为一种符号,这种符号支配了人的日常生活,这意味着人形成了一种符号化生存方式。鲍德里亚直接吸收了列斐伏尔的这一思想观点,深刻地批判了后现代社会中符号支配人的生存实践这样的现实状况,并在此基础上形成了自己关于消费社会中人的符号化生存方式的批判思想。

综上所述,众多外国哲学家基于各自不同的切入点对存在于现代社会中的人的生存方式或人的现代性生存方式进行了比较深刻的批判。马克思、卢卡奇等主要以资本和商品为切入点,对现代社会中的人被资本和商品支配的物化生存方式进行了批判;海德格尔、马尔库塞、哈贝马斯、斯蒂格勒等主要以技术为切入点,对现代社会中的人受制于技术力量的技术化生存方式进行了批判;巴特、德波、列斐伏尔等主要以符号为切入点,对现代社会中的人被符号控制的符号化生存方式进行了批判。从宏观的角度看,上述这些对人的各种生存方式的批判都属于对作为人的现代性生存方式重要组成部分的"物义论"生存方式的批判。此外,鲍德里亚对消费社会中人的符号化生存方式的批判,在某种程度上也可以归结为对作为人的现代性生存方式重要组成部分的"物义论"生存方式的批判。因为"物义论"生存方式的批判主要针对的是商品、技术、符号等人制造的物对人自己的生存实践的支配和控制。鲍德里亚的主要批判对象是符号或作为符号的物——这种人制造的物对人自己的生存实践的支配和控制。上述这些批判思想资源,与鲍德里亚关于消费社会中人的符号化生存方式的批判思想都存在关联,对鲍德里亚这一思想的形成具有一定的启发和借鉴意义,对全面理解和深入研究鲍德里亚关于消费社会中人的符号化生存方式的批判思想也具有一定的参考价值。

第三章 消费社会与鲍德里亚对人的符号化生存方式之批判

在吸收和借鉴以往哲学家思想资源的基础上，鲍德里亚对消费社会中人的符号化生存方式进行了深入批判。具体而言，他比较深入地揭露和分析了消费社会中人的符号化生存方式的主要表现及其形成原因。

第一节 人的符号化生存方式之主要表现

鲍德里亚认为，消费社会中的人的生存实践具有一个区别于以往社会的突出特征，此特征是其生存实践被符号支配和控制。换言之，人陷入一种符号化的生存方式之中。根据鲍德里亚著作中的有关论述，这种符号化生存方式的表现主要包括以下两个方面：

一、人的生产活动符号化

基于早期资本主义社会的经济实际状况，马克思对人的生产活动商品化进行了深入论述。在马克思看来，人的生产活动的产品或劳动产品变成了商品，人们生产活动的过程也商品化了，进而人的生产活动也比较彻底地商品化了。不同于马克思对人的生产活动商品化的批判，鲍德里亚基于晚期资本主义社会的经济实际状况，察觉到人的生产活动出现了新的变化——符号化，对人的生产活动符号化进行了深入分析。基于对鲍德里亚著作中有关论述的分析，人的生产活动符号化的具体表现主要在于以下两个方面：

（一）人的生产活动的产品符号化

在鲍德里亚看来，消费社会是一个消费占据主导地位的社会，而符号又是消费过程的主体。基于此，符号也是消费社会的主体。符号在消费社会中占据主体地位的一个表现是它支配和控制了人的生存实践，人陷入一种符号化的生存方式。鲍德里亚把对人的符号化生存方式批判的矛头主要对准消费领域，他深入揭示了人的符号化生存方式在消费领域中的表现。然而他对人的符号化生存方式在生产领域中的表现也并非毫不关注。不过，他对人的符号化生存方式在生产领域中的表现并未展开直接、明显的论述，而是将有关思想观点蕴含在自己的著作中。在他看来，消费社会的主角是符号。在消费社会中，符号的力量不仅体现在消费领域中，也彰显在生产领域中。鲍德里亚指出："今天，由倍增的物、服务和物质财富构成的奇妙而显著的消费和丰盛现象环绕在我们周围。"[1]由此可见，在鲍德里亚看来，消费社会形成的一个重要前提和主要表征就是"物"的丰盛。关于这种"物"的内涵，他也作了特别的界定。他指出，"物既非动物也非植物"，"支配它的不是自然生态规律，而是交换价值规律"。[2]由此可见，鲍德里亚所指称的处于消费社会中的"物"，并不是自然物，而是受到交换价值规律制约的人工物，亦即商品。从其作用和价值看，这些"物"的主要作用是供人们消费。另外，他指出："倘若消费要有任何含义，那么它意味着一种系统地操纵符号的活动。"[3]由此推之，他指的"消费"是消费社会中的一种符号消费，而不是以往社会中司空见惯

---

[1]　Jean Baudrillard, *The Consumer Society*, trans. George Ritzer, London: Sage Publications, 1998, p.25.

[2]　Ibid., pp.25–26.

[3]　Jean Baudrillard, *The System of Objects*, trans. James Benedict, London–New York: Verso, 1996, p.200.

的纯粹商品消费。在消费社会中,消费是在符号体系和逻辑的支配下对物的符号价值的消费,而非对其使用价值的消费。在符号消费中,这些作为符号的"物"的价值在一定程度上发生了变化,其价值更多地表现为符号价值而非使用价值。此外,他明确指出:"物品要成为消费的对象,首先必须成为符号。"①基于此,既然鲍德里亚所指称的"物"是供人们消费的商品,那么这些物也必须成为符号。就其来源而言,这些作为符号的"物",并非完全经过自然的演化过程而生成的天然物品,而是通过人的生产活动制造的人工物品。换言之,作为人的生产活动的产品,消费社会中的商品在某种意义上成为符号。人的生产活动的产品在某种意义上也符号化。这在某种程度上意味着人的生产活动符号化,即人的生产活动的产品不仅是商品,而且更加主要地是符号。其价值不仅是其使用价值,而且更加主要地是其符号价值。人的生产活动是其生存实践的一个基本组成部分。因此,人的生产活动的符号化在某种程度上也体现了人的生存方式符号化。

(二)人的生产活动的过程符号化

除了揭示人的生产活动的产品符号化以外,鲍德里亚还探讨了人的生产活动的过程符号化的问题。他指出,在消费社会中,生产和消费混杂在其中,这两者都依赖符号并且在符号的保护下存在。②由此可见,鲍德里亚认为,在消费社会中,生产活动的一大特征在于对符号的依赖性,生产活动只有在符号的保护下才能存在。这在很大程度上意味着符号已经成为影响生产活动的一种统治性力量,符号在很大程度上支配和控制了生产活动。如果生产活动完全失去了符号对它的支配和控制作用,它将无法继续正常进行。

---

① Jean Baudrillard, *The System of Objects*, trans. James Benedict, London–New York: Verso, 1996, p.200.

② See Jean Baudrillard, *The Consumer Society*, trans. George Ritzer, London: Sage Publications, 1998, pp.32–33.

在此处，生产活动主要指生产活动的具体过程。无论生产活动采取多么先进、复杂的技术手段，其主体归根结底还是人。由此推之，人的生产活动的具体过程也依赖于符号，在某种程度上也符号化。人的生产活动具体过程的符号化也体现了其生产活动的符号化。对于人而言，生产活动是其生存实践的基本组成部分之一。因此，人的生产活动的过程的符号化，在某种程度上也意味着人的生存方式符号化。

总之，鲍德里亚认为，在消费社会中，人的生产活动的产品在某种意义上已经变为符号，人的生产活动的具体过程必须依赖符号并且在符号的保护下才能进行。基于此，人的生产活动已经不再是一种人的自由自觉的实践活动，而是一种受到符号支配和控制的相对被动的活动。简而言之，人的生产活动已经成为一种符号化的生产活动，符号已经主宰了人的生产活动。在这种生产活动中，人的主体地位逐渐丧失，主体性和创造性也受到压制，进而人沦为符号的奴隶和附庸。人的生产活动是其生存实践的一个基本组成部分。要维持和延续其生存，人不得不进行生产活动。基于此，人的生产活动受到符号的支配和控制，在某种程度上意味着人陷入一种符号化的生存方式。

实事求是地讲，鲍德里亚对人的符号化生存方式之表现的批判更加侧重于消费领域而非生产领域，这主要是由他的相关理论目标决定的。他对晚期资本主义社会进行批判的理论目标主要是，运用符号学等理论来批判晚期资本主义社会在消费领域中存在的问题，进而扩展到对晚期资本主义社会的各方面问题的批判，从而实现对晚期资本主义社会比较全面、深入的批判。批判人的符号化生存方式是他批判晚期资本主义社会的重要切入点之一。正是因为这样，在他关于人的符号化生存方式的批判思想中，对人的符号化生存方式在生产领域中的表现的批判似乎显得有些无关紧要，而对人的符号化生存方式在消费领域中的表现的批判占据了主角的地位。甚至可以说，他对人的符号化生存方式在生产领域中的表现的批判只是在某种程度上蕴含于他对人的符号化生存方式的批判思想中。

二、人的消费活动符号化

在鲍德里亚看来，人的符号化生存方式在消费领域中的具体表现主要是人的消费活动符号化。根据鲍德里亚的有关论述，人的消费活动符号化的具体表现主要在于以下两个方面：

（一）人在消费活动中沦为符号的奴隶

在鲍德里亚看来，人在消费活动中沦为符号的奴隶主要表现在：

1.获得物品的符号价值成为人们消费活动的主要目标

鲍德里亚认为，消费社会中的消费与以往社会中的消费存在显而易见的区别。正是因为这样，消费概念本身的含义就需要重新界定。在《物体系》中，他提出了自己关于消费的定义。他指出："倘若消费要有任何含义，那么它意味着一种系统地操作符号的活动。"[1]由此推之，鲍德里亚认为，处于消费社会中的消费这种活动主要是一种系统地操作符号的活动。既然如此，那么它不仅是对物品本身的消费，而且更加主要地是对作为符号的物品的消费。物品本身的价值是其化学、物理属性等天然属性决定的物质功能或使用价值，而作为符号的物品的价值主要是其意义。因此，消费可以说是对符号的意义的消费。鲍德里亚对于消费含义的独特界定，在他关于人的符号化生存方式的批判思想乃至他关于晚期资本主义社会的整个批判思想中都具有重要地位。这个对消费的独特定义，可以说是他阐发自己关于人的符号化生存方式的批判思想乃至关于晚期资本主义社会的整个批判思想的理论起点和思想基石。根据鲍德里亚对消费含义的上述独特界定，消费也可以说是对符号之意义的消费。由此推之，人们消费的主要目标是获得物品的符号价

---

① Jean Baudrillard, *The System of Objects*, trans. James Benedict, London –New York：Verso, 1996, p.200.

值,而非其使用价值。这一点体现了消费社会中的人们在消费活动的价值取向方面的变化,这也是消费社会不同于以往社会的一个重要特征。

获得物品的符号价值成为人们消费活动的主要目标,这一观点不仅蕴含在鲍德里亚对消费含义的独特界定中,也蕴含在他对消费过程的具体论述中。在《消费社会》中,他指出,"消费过程也许可以从两个基本角度来分析:1.作为一个基于代码的意义和沟通过程,消费实践能够适合这个代码并从代码中获得相应的含义。此处的消费是一种交换体系,也相当于一种语言……2.作为一个分类和社会区分的过程,在此过程中,符号/物品现在不仅仅作为代码中的显著差异而且作为社会阶层结构中的状态值被排序……"①由此可见,鲍德里亚认为,消费社会中的消费过程在某种程度上是一种物品意义的交换过程,也是一个基于物品意义而对社会阶层进行分类和区分的过程。物品的意义属于物品的符号价值范畴。消费社会中的消费在某种程度上意味着人们进行对物品的符号价值的消费。基于此,处于消费社会中的人们在消费过程中主要追求和注重的是物品的符号价值而非其使用价值。这一点在某种程度上也意味着获得物品的符号价值已经成为人们消费的主要目标。

此外,鲍德里亚认为,消费社会的一个主要表征是消费物品的丰盛。消费物品丰盛的一个具体表现是以全套或整套形式的物品的出现。随着全套或整套的物的出现,作为消费者的人与消费物品的关系也发生了变化。正如鲍德里亚指出的:"今天,很少有物被单独提供而不带有'诉说'它们的物组成的背景。这一点也改变了消费者与物的关系:他不再与一个特殊的物的具体用途有关,而是与一整套的物的全部意义有关。被放到一起的洗衣机、电冰箱、洗碗机等,有一个不同于它们各自作为器具所具有意义的意义。橱窗、广告、制造商和商标在这里起着主要作用,并强加着一种一致的集体幻象,

---

① Jean Baudrillard, *The Consumer Society*, trans. George Ritzer, London: Sage Publications, 1998, pp.60-61.

好似一条链子，一个几乎不能分离的整体，它们不再是一个序列的纯粹商品，而是一连串的意义。到目前为止，它们作为更加复杂的高档物品的部分相互暗示着，并且吸引消费者进入一系列更为复杂的动机。"[①]由此推之，鲍德里亚认为，对消费社会中的消费物品而言，它们比较常见或普遍的一种形式是全套或整套的物。全套或整套的物，除了其中物品各自的功能用途或纯粹的使用价值以外，还具有它们作为一个系统的全部意义。这种全部意义是它们作为全套或整套的物的一种符号价值。具体而言，这种符号价值就表现为全套或整套的物是人的社会地位的一种象征。对于全套或整套的物，消费者看重的并不是其中各个物品单独的功能用途或者使用价值，而是其全部意义或符号价值。因此，基于人们在消费中对全套或整套的物的功用定位或价值取向——看重其全部意义或符号价值，就可以看出：在消费社会中，获得物品的符号价值已经成为人们消费活动的主要目标。

除了对人们关于全套或整套的物的态度进行论述以外，鲍德里亚的上述思想观点也体现在其著作的其他论述中。其中之一是他对消费社会中人们在消费的具体过程中对物品功能定位的有关论述。在他看来，就处于消费社会中的消费过程而言，"分析的原则仍然是：你从不消耗物本身（在它的使用价值上）；你总是把物（在最广泛的意义上）当作能够使你自己区别于其他人的符号来操作，要么通过把你加入你自己看作一个理想参考的群体，要么通过参考一个更高地位的群体来摆脱你的群体"[②]。由此可见，鲍德里亚认为，处于消费社会中的人们在消费过程中并不是把物品当作物品本身来消费，而是当作一种能够凸显自己的社会地位的符号来消费。对于物品而言，人们消费的是其符号价值而非其使用价值。正是凭借对物品符号价值的消

---

① Jean Baudrillard, *The Consumer Society*, trans. George Ritzer, London: Sage Publications, 1998, p.27.

② Ibid., p.61.

费,人们才得以提升自己的社会地位,进而要么跻身于一个具有理想社会地位的社会群体,要么升入一个比目前自己处于的社会群体地位更高的社会群体。总而言之,根据处于消费社会中的人们在消费过程中把物品当作符号而注重消费其符号价值这一实际状况,也可以看出:在消费社会中,取得物品的符号价值已成为人们消费活动的主要目标。

获得物品的符号价值已经成为人们消费活动的主要目标这一思想观点,也体现了在鲍德里亚对处于消费社会中的人们的消费需求的论述之中。关于消费社会中人们的消费需求,他指出:"需求被指向的与其说是价值而不如说是物,并且需求的满足最初具有认同那些价值的意义。"[1]由此推之,在他看来,对处于消费社会中的人们而言,他们的消费需求指向的并非纯粹的、作为整体的物品本身,而是这些物品的价值和意义。物品的价值和意义就在于它是人的社会地位的一种象征,这种价值和意义也就是物品的符号价值。也就是说,对于物品而言,人们的消费需求注重的是其符号价值而非其使用价值。基于此,在鲍德里亚看来,从消费需求的角度来看,人们消费活动的主要目标也是获取物品的符号价值。

此外,对消费社会中的物品在客观功能领域和内涵领域中的价值,鲍德里亚也作出了比较详细的分析。他指出:"在物品的客观功能领域(在该领域中,物品是不可代替的)和其外延领域外,也就是呈现其符号价值的内涵领域中,它就可以被或多或少无限地替换。因此,洗衣机被用作器具并充当声望和舒适性等要素。严格而言,后面这个领域就是消费领域。在这里,所有种类的其他物品都可以作为指意元素来代替洗衣机。在符号逻辑中,也正如在象征逻辑中一样,物品都不再以任何意义与某种确定的需求或功能存在关

---

① Jean Baudrillard, *The Consumer Society*, trans. George Ritzer, London: Sage Publications, 1998, p.70.

联。"①由此推之,鲍德里亚认为,物品在客观功能领域中的价值主要表现为其使用价值。在一般情况下,物品的使用价值往往是比较独特的。因此,物品在客观功能领域中的地位一般是不可代替的。物品在内涵领域中的价值主要表现为符号价值,而物品的符号价值在一定程度上是可以替换的。因此,物品在内涵领域中的地位或多或少也是可以替换的。正如洗衣机,在客观功能领域中,它的价值主要表现为一种洗衣工具。在内涵领域中,它的价值主要表现为一种舒适和优越的要素。物品在内涵领域中的价值对应的也正是消费领域。基于此,也可以说在消费领域中,物品的价值主要表现为符号价值。由此推之,在消费社会中,人们在消费领域或消费活动中的主要目标就是获取物品的符号价值。

总之,鲍德里亚认为,在消费社会中,随着消费物品的丰盛,人们在消费活动中的目标定位和价值取向也发生了变化。人们在消费活动中更加主要地看重物品的符号价值而非其使用价值,换言之,获得物品的符号价值已经成为人们消费的主要目标。鲍德里亚指出,人们在消费活动中更加主要地看重物品的符号价值而非其使用价值,以获得物品的符号价值作为自己消费的主要目标,这也并不意味着物品的使用价值完全不重要,物品的使用价值仍然是物品其他价值的物质承担者。另外,人们进行消费活动的一个重要目标也在于得到物品的使用价值。毕竟,物品的使用价值对于人们维持和延续其生存和发展具有不可代替的功能和价值。只有通过消费物品的使用价值,人们才能实现持续的生存和发展。不过,鲍德里亚的主要关注点在于物品的符号价值而非其使用价值。他认为,对处于消费社会中的人们而言,获得物品的符号价值已经成为其进行消费活动的主要目标,这是人在消费活动中沦为符号的奴隶的主要表现之一。他之所以提出这一观点,主要用意在于揭

---

① Jean Baudrillard, *The Consumer Society*, trans. George Ritzer, London: Sage Publications, 1998, pp.76–77.

露人在消费活动中受到物品的符号价值的支配和控制。在消费的价值取向方面，人们沦为了物品的符号价值的奴隶。

2.符号的差异性逻辑成为支配人消费活动的主导逻辑

在鲍德里亚看来，"消费的主体是符号的秩序"[①]，"消费的逻辑就是制造与驾驭符号的逻辑"[②]。而消费是消费社会的主角，因此消费社会的主体是符号的秩序与逻辑。这种符号的秩序或逻辑的核心内容是符号的差异性逻辑。由此推之，消费社会的主导逻辑是符号的差异性逻辑。符号的差异性逻辑是由符号本身内涵的意义差异造就的。从纯粹语言学的角度看，每一个符号的内涵主要地包括如下两个部分：能指和所指。能指是符号指称的事物本身，所指是符号指称的那个事物的象征意义或引申含义。鲍德里亚认为，对于消费社会中的商品而言，其价值不仅是其使用价值或交换价值，也更加主要地是其符号价值——象征人们的社会地位。也就是说，处于消费社会中的商品不再是纯粹的商品，它们在某种程度上是一种特殊的符号。对于商品这种特殊的符号而言，其能指是其使用价值或本质功能，比如手机的拨出和接听电话、发出和接收短信等功能；其所指是其社会意义或象征价值，比如手机也象征着人的社会地位。对于不同的商品符号而言，其能指可能是相差不大或近似相同的，比如同一品牌、同一款式、同一型号而只是外壳颜色不同的汽车，其使用价值和本质功能应该是相差不大的。但是对于不同的商品符号而言，其社会意义或象征价值却基本上都是各不相同的。正因为如此，在符号的差异性方面，鲍德里亚主要瞄准和强调的是符号的所指差异。符号的所指差异主要在于不同的符号意味着人们各不相同的社会地位和身份。高端、精

---

① Jean Baudrillard, *The Consumer Society*, trans. George Ritzer, London: Sage Publications, 1998, p.192.

② See Jean Baudrillard, *The Consumer Society*, trans. George Ritzer, London: Sage Publications, 1998, p.60.

致、奢侈、昂贵的商品符号意味着有利的社会地位和上流的社会身份，而低端、粗糙、简约、便宜的商品符号意味着不利的社会地位和普通的社会身份。这就是符号差异性逻辑的主要内容。

在这种符号差异性逻辑的驱使和诱惑下，人们为了极力取得有利的社会地位和上流的社会身份，疯狂地追逐和占有高端、精致、奢侈、昂贵的商品符号。为了取得有利的社会地位和上流的社会身份来改善自己的社会地位，原本具备不利社会地位和普通社会身份的社会群体会不断地追逐和占有高端、精致、奢侈、昂贵的商品符号。与此同时，原本具备有利社会地位和上流社会身份的社会群体也会不断追逐和占有更加高端、精致、奢侈、昂贵的商品符号，从而巩固和维持自己原本有利的社会地位和上流的社会身份。由此，人们陷入对高端、精致、奢侈、昂贵的商品符号的疯狂追逐和占有而无法自拔。与此同时，对于高端、精致、奢侈、昂贵的商品符号，人们的需求也是无止境的。在人们这种需求的刺激和推动下，高端、精致、奢侈、昂贵的商品符号得以持续不断地生产、流通和消费，进而支撑整个消费社会的持续运行和人的符号化生存方式的持续存在。

总之，正是在商品这种特殊符号的差异性逻辑的驱使下，人们为了取得有利的社会地位而产生对商品符号的无止境的需求和欲望，进而刺激商品符号的持续生产、流通和消费，从而推动整个消费社会的持续运转和人的符号化生存方式的持续存在。符号的差异性逻辑之所以能成为消费社会中占据主导地位的逻辑，其根源还是资本。符号的差异性逻辑并非天然形成的，其背后的一个重要助推器是广告。作为符号，每件商品的社会意义和象征价值往往是由广告加以宣传和推广的。商品本身具有的只是其自身的化学、物理属性等天然属性决定的使用价值。正是通过广告的包装，商品的社会意义和象征价值才被赋予和确定，进而也成为一种特殊的符号。不同的符号象征着人们各不相同的社会地位，这是符号的差异性逻辑的主要内容。符号的差异性逻辑也是由广告加以传播和普及的。另外，广告之所以能够在消费社会中大行其道，其根源还是资本和资本逻辑。这是因为，广告能够起到诱导和刺激人们消费的作用。在广告的诱导和刺激下，人们会不断地购买和消费，进而整个社会的消费总量也随之持续不断地增长。消费的增长能够促进商品的流通，进而促进资本的流通和增殖。此外，符号的差异性逻辑之所以能够在整个消费社会中占据主导地位，在一定程度上也是迎合了普遍存在于人们思想意识中的一种对于社会地位的竞争性的区分欲望或心理需求。上述欲望或需求主要表现为：每个人都乐意看到自己的社会地位能比他人更高，或至少不比别人更差。不同的符号物品象征着人们各不相同的社会地位。因此，为了满足自己对高于或至少不低于他人的社会地位的欲望和需求，人们会不断地购买和消费不同的符号物品，积极跟随符号物品的最新潮流。久而久之，符号的差异性逻辑也会内化为人们意识中的一个重要组成部分，深刻地影响人们的日常消费活动。进而，符号的差异性逻辑也会不断地在客观的社会生活中得到强化和加固，从而牢牢地支配和控制整个消费社会。总之，消费社会的主导逻辑是符号的差异性逻辑。在消费社会中，符号的差异性逻辑也深刻地支配着人们的消费活动。这也是人在消费活动中沦为符号的奴隶的一个主要表现。

总而言之，在鲍德里亚看来，对消费社会中的人们而言，符号的差异性逻辑构成了支配其消费活动的主导逻辑。在这一逻辑的驱使下，人们会不断购买和消费符号物品，进而深深地陷入符号化的生存方式。符号的差异性逻辑是人在消费活动中受到符号支配和控制的一个重要原因和具体表现，也是人的符号化生存方式形成和存续的一个重要动力机制。这一逻辑主要体现了人在消费的具体过程中沦为符号的奴隶。

此外，从拜物教这一理论视角来分析，鲍德里亚揭示的人在消费活动中沦为符号的奴隶，也体现了一种符号拜物教。在消费活动中，人们崇拜和迷恋符号,进而被符号支配和控制。鲍德里亚批判的符号拜物教与马克思批判的商品拜物教在某种意义上也存在一些关联。上述这两者的共同点主要体现在:两者形成的根源都是资本逻辑。资本逻辑的核心内容是资本通过自身的不断流通来实现增殖。从根本上说,无论是商品拜物教还是符号拜物教,都是资本为了实现自身的增殖而采用的刺激和促进人们消费活动,进而促进商品和资本流通的一种手段。这两者之所以形成,其根本原因是资本的运作;这两者的不同点主要包括以下三点:第一,两者的主角不同。符号拜物教的主角是符号,而商品拜物教的主角是商品。第二,两者的主导逻辑不同。符号拜物教的主导逻辑是符号的差异性逻辑,而商品拜物教的主导逻辑是商品的等同性逻辑(商品的价值规律)。第三,两者形成的社会基础不同。商品拜物教形成的社会基础主要在于,在早期资本主义社会中,商品并不那么丰盛。在此基础上,通过资本的运作,整个社会经济的运行过程以商品的生产为中心,商品的价值主要表现为其价值(凝结在商品中无差别的人类劳动)和使用价值。

人们在消费中也主要注重商品的使用价值。商品价值的等同性逻辑(商品的价值规律)是主导人们进行商品交换的主导逻辑。与此同时,商品之间的关系反映和遮蔽人们之间的社会关系,进而商品拜物教也得以形成。符号拜物教形成的社会基础主要在于,在晚期资本主义社会中,商品相对过剩并且不断增长。在此基础上,通过资本的运作以及大众传媒的宣传和诱导,商品的符号价值凸显,人们在消费中主要注重商品的符号价值。商品符号价值的差异性逻辑也成为支配人们进行商品交换和消费的主导逻辑。在这一逻辑的驱使下,人们陷入对商品符号价值的不断追逐中,进而符号拜物教也得以形成。

(二)人在消费活动中自身的符号化

除了揭示人在消费活动中沦为符号的奴隶以外,鲍德里亚还将批判的

矛头对准人自己,深入分析了人在消费活动中自身的符号化。在他看来,人在消费活动中自身的符号化的表现主要包括以下两个方面:

1.人沦为"消费者"这一普遍性的符号

除了对消费活动中人沦为符号的奴隶进行批判之外,鲍德里亚对人的符号化生存方式批判的另一层深意在于,他揭示了人自身的符号化。人自身符号化的一个突出表现是人沦为"消费者"这一普遍性的符号。在他看来,消费社会中的人不再是具备主体性的、鲜活具体的个体,而只不过是资本主义经济体系运行需要的一种符号和手段。在资本主义的后现代社会或晚期资本主义社会中,得益于社会生产力水平的极大提高以及机械化生产方式的广泛应用,物质产品的生产已经不再是一个难题。整个社会发达的生产力和先进的生产方式带来了空前丰盛和不断增长的物质产品。随着物质产品的空前丰盛和不断增长,资本主义社会出现了一个新的社会问题,那就是物质产品的相对过剩。物质产品的相对过剩意味着有一部分物质产品未能进入整个社会的商品流通环节,也无法促进资本的流通和增殖,进而也无法推动资本主义经济体系的运行和发展。这是因为在资本主义社会中,商品流通与资本流通互为前提、相互依存和衔接,共同构成了资本主义商品经济体系运行的主要过程。只有顺畅的商品流通,才能推动资本流通和增殖的高效进行,进而推动资本主义经济体系的良性运行和健康发展。物质产品的相对过剩却意味着商品流通的不顺畅,这不利于资本流通和增殖的高效运行,进而也会影响资本主义经济体系的良性运行和发展。在这种情况下,为了促进资本流通和增殖的高效运行,维持资本主义经济体系的良性运行和发展,就必须推动整个社会商品流通的不断发展。要推动商品流通的发展,就必须刺激和促进整个社会消费的增长。这是因为,商品流通的终点、最终目的和发展的界限都在于消费。要推动商品流通的发展,就必须推动消费的发展。鉴于此,资本主义社会对人的社会功能定位也作了调整。正如鲍德里亚引用加尔布雷恩的一段论述指出的："个人不是通过提供储蓄和由此产生的资本而为工业系统服务，而是通过消费其产品来为它服务。"[1]也就是说，随着资本主义社会进入晚期，资本主义社会的生产力比较发达，资本主义工业体系也高度成熟。由此，资本主义工业体系更多地需要人作为消费者，而不是生产者。这在某种意义上也体现了处于晚期资本主义社会中的人的社会功能定位。也就是说，人的社会功能定位在于人是消费者。此外，鲍德里亚指出，资本主义工业"这个系统需要作为工人（工资劳动）的人们、作为储蓄者（税金、贷款等）的人们，但它日益需要作为消费者的他们"[2]。由此可见，鲍德里亚认为，在晚期资本主义社会中，资本主义工业体系也非常需要人作为消费者来消费其制造的物质产品。之所以如此，是因为随着资本主义社会进入晚期，其社会生产力比较先进，工业体系也较为完善。由此，资本主义工业体系能够制造出非常丰盛且不断增长的物质产品。正如鲍德里亚在《消费社会》开篇指出的："今天，由倍增的物、服务和物质财富构成的奇妙而显著的消费和丰盛现象环绕在我们周围。"[3]由此，晚期资本主义社会面临的一个突出的社会问题是如何有效解决整个社会中相对过剩的物质产品，从而推动资本主义经济体系的良性运行和持续发展。要着眼于推动资本主义经济的良性运行和持续发展来有效解决整个社会中相对过剩的产品，就必须刺激和促进人的消费活动，让越来越多的人成为消费者。

晚期资本主义社会需要人成为消费者来消费资本主义工业体系制造的各种物质产品，从而解决物质产品相对过剩的问题，促进整个社会的商品流通和资本流通，进而推动资本的增殖以及资本主义经济体系的良性运行和持续发展。正是在这样的社会现实状况下，资本主义社会的大众传媒才会鼓

---

[1][2] Jean Baudrillard, *The Consumer Society*, trans. George Ritzer, London: Sage Publications, 1998, p.83.

[3] Ibid., p.25.

吹和宣传消费主义的文化，从而把人塑造成资本主义经济体系的良性运行和持续发展需要的消费者。在这个过程中，不同群体的人之间的具体差异已经无关紧要，他们都拥有了一个共同的身份，那就是"消费者"。总之，在晚期资本主义社会中，或者鲍德里亚指称的消费社会中，人的社会功能身份已经发生了巨大的变化：人已经不再是一个个具体鲜活的个体，而是变成了"消费者"这一普遍性的符号。人沦为"消费者"这一普遍性的符号，也是人在消费活动中沦为符号奴隶的一个主要表现。

在某种程度上，鲍德里亚论述的消费社会中的人沦为"消费者"这一普遍性的符号，与马尔库塞揭示的发达工业社会中的人沦为"单向度的人"有共通之处。"单向度的人"指称的主要是处于发达工业社会中，片面追求物质生活享受，进而丧失了自身主体性、创造性以及独立思考和判断能力的人。"单向度的人"的一个主要行为特征也在于片面注重对物质产品的消费。因此，马尔库塞揭示的"单向度的人"在某种程度上也相当于鲍德里亚指称的"消费者"。

2.人的身体也成为人自己消费的一种特殊符号

鲍德里亚认为，对消费社会中的人而言，他们在消费活动中自身的符号化不仅体现于他们对自身以外的符号物品的消费，还深刻地体现于他们对其身体这种特殊符号的消费。换言之，人的身体也成为人自己消费的一种特殊符号。他指出："在消费者的包装中，有一种物品比任何其他物品更好、更珍贵、更耀眼——尽管汽车将它们这些内涵全部囊括其中，但是它甚至比汽车更富有内涵。这种物体是身体。"①鲍德里亚认为，对消费社会中的人而言，其身体也变成了一种美丽的消费品。身体比囊括了众多内涵的汽车更富有内涵，这一点在某种程度上意味着身体已经变成了一种具有自身丰富内涵

① Jean Baudrillard, *The Consumer Society*, trans. George Ritzer, London: Sage Publications, 1998, p.129.

的特殊符号。身体这种特殊的符号,正如汽车一样,是供人自己消费的。由此推之,在鲍德里亚看来,人的身体已经成为人自己消费的一种特殊符号。这体现了人的符号化生存方式的彻底性。对于人而言,无论是外在于自己的消费品,还是自己的身体,在某种意义上都已经成为一种符号。这样一来,符号已经全面、深入地支配和控制了人的生存实践。

另外,他还指出:"经过千年的清教徒时代,本着肉体和性的解放精神,身体被'重新发现'。它在广告、时尚和大众文化中无所不在(特别是女性身体的无所不在,这是我们将不得不努力解释的事实)。围绕着它的卫生学、膳食学、医疗学,对青春、优雅、男性气质/女性气质、治疗和制度的痴迷,以及附加在它上面的祭祀习俗,所有这些都见证了这样一个事实:当今时代的身体已经成为救赎的对象。它确实接管了灵魂的道德和意识形态功能。"①此段论述也再一次印证了他的观点:人的身体已经成为人自己消费的一种特殊符号。在他看来,人对于自己的身体的精心打扮、用心护理和对外展示,在某种意义上是对自己的身体这种特殊符号的消费。对于人而言,身体这种特殊符号既是一种实现自己的性解放的特殊符号,也是一种实现对于自己的美貌、气质、健康等追求目标的特殊符号。通过对自己身体的精心打扮、护理和消费,人在某种程度上可以实现一种自我救赎。这种自我救赎主要表现为通过对自己身体的消费来获得一种自己对自己的认同感和社会对自己的认同感,并且实现自己的生活理想和个人价值。也就是说,人的身体已经不仅是一种生物学意义上的客观物质形式,而是人在某种意义上实现自我救赎的一种特殊符号。这在某种意义上也揭示了在消费社会中的人的身体具有的社会价值或符号价值。

---

① Jean Baudrillard, *The Consumer Society*, trans. George Ritzer, London: Sage Publications, 1998, p.129.

　　此外,鲍德里亚指出:"目前的生产/消费结构在主体中引起了一种双重实践,这种实践与他/她自己身体的分裂(但深刻地相互依存)表现有关:身体作为资本和拜物(或消费对象)的表现。在这两种情况下,重要的是有意识地在身体上进行投资(从经济和心理两种意义上而言),而远非身体被否定或被置之不顾。"①这一论述也再一次印证了鲍德里亚的观点:在消费社会中,人的身体已经成为人自己消费的一种特殊商品。人们对自己的身体进行经济上和心理上的投入,以便使自己的身体更好地被自己消费,从而获得更好的消费体验。对于人的身体这种特殊的消费品而言,其生产者和消费者都是人自己。基于这一点,人与自己的身体之间的关系也就变为一种"受监管的自恋"的关系。在鲍德里亚看来,由于受制于这种关系,女性"探索就像被开采的矿藏一样的身体,以便从中提取在时尚市场上大获成功的幸福、健康、美丽的可见符号以及动物性"②。由此推之,对于女性而言,她们的身体好比有待开发的矿藏。她们对身体进行投入和开发,以便使自己的身体成为一种美丽的符号,从而在时尚市场上被人们欣赏和"消费"。这在某种意义上意味着女性的身体成为人消费的一种特殊符号,进而也意味着人的身体成为人自己消费的一种特殊符号。

　　鲍德里亚还分析了人在这种"受监管的自恋"关系的驱使下对自己身体进行投入的经济学意义。在他看来,对于人的身体而言,"投资是为了产生收益。身体不是为了主体的自主目的而被重新占用的,而是根据享受和享乐型盈利能力的规范性原则,根据与生产和管理消费的社会的准则和规范挂钩的强制工具。换言之,一个人管理自己的身体,处理它就像处理继承的遗产

　　①　Jean Baudrillard,*The Consumer Society*,trans. George Ritzer,London:Sage Publications,1998,p.129.

　　②　Ibid.,p.131.

一样,将它作为社会地位的众多象征之一"①。由此可见,鲍德里亚认为,从经济学的角度看,人们对自己的身体进行投入的主要原因或目的是让自己的身体给自己带来回报。这种回报是让自己的身体成为一种符合整个社会的生产及指导性消费编码规则及标准的工具,从而被社会上的人们认可和"消费",进而成为自己的社会地位的象征。简而言之,人们对身体进行投入,是为了通过身体被社会认可和"消费"来让身体成为自己社会地位的一种象征。这在某种程度上意味着人的身体成为人自己消费的一种特殊符号。在消费社会中,人的身体之所以能成为人自己消费的一种特殊商品或符号,其根源是资本。资本逻辑的核心内容是资本通过自身的不断流通来实现增殖。因此,资本会在社会运行过程中不断扩张,将很多事物都纳入资本主义的商品经济体系。人的身体是被资本纳入资本主义商品经济体系的一个事物。由此,人的身体成为服务于资本增殖的一种特殊商品或符号。

此外,鲍德里亚指出:"在这个身体作为指数价值或功能性身体的漫长神圣化过程中——也就是说,身体不再作为宗教观念中的'肉体',也不再作为工业逻辑中的劳动力,而是在其物质性(或其'可见的'理想)中再次被视为自恋文化的对象或社会仪式和战术的要素——美丽和色情是两个重要的主旨。"②由此可见,鲍德里亚认为,人的身体成为人自己消费的一种特殊符号,主要表现在以下两个方面:

(1)功用性美丽

在鲍德里亚看来,美丽和色情对于男女都适用,这两者共同建立了关于身体关系的新伦理。虽然如此,但是不同的人还是依照性别被区分为阴极和阳极。他还提出了"弗莱尼主义"和"健身运动主义"两个概念来分别指代男

---

① Jean Baudrillard, *The Consumer Society*, trans. George Ritzer, London: Sage Publications, 1998, p.131.

② Ibid., p.132.

性范例和女性范例。①不过他认为,相比于男性范例,"女性范例有一种优先性:正是这种范例在某种程度上充当了这种新伦理的模板"②。由此可见,鲍德里亚认为,无论男性还是女性,他们对于身体的功用性投入和消费都围绕着美丽和色情两个主题展开。与此同时,男性和女性根据各自不同的特征而形成了不同的范例。不过相比之下,身体的美丽对于女性范例而言更加重要。"对于女性而言,美丽已经成为一种绝对的、宗教的规则。美丽不再是自然的影响,也不再是道德品质的补充,而是那些像照顾她们的灵魂一样照顾她们的脸蛋和身材的女人基本的、必要的品质。这是在身体层次上的一个标志,它表明一个人是被选择的成员,就像成功是企业中的这样一个标志。而且,事实上,在杂志上,美丽和成功被赋予了相同的神秘基础:对于女性而言,是'从内部'探索和唤起身体各个部位的敏感性;对于企业家而言,是对市场所有可能性的充分直觉。一个选择和救赎的标志:新教徒的道德观念在这里并不遥远。的确,美丽是绝对的规则,仅因为它是一种资本的形式。"③基于此,鲍德里亚认为,对于女性而言,美丽是一种绝对的、宗教的绝对规则。女性只有获得美丽的容貌,才能在某种意义上实现一种对自己的救赎。要获得美丽的容貌,女性不得不对自己的身体进行精心的投入、开发和保养。这种投入、开发和保养的过程在某种程度上是人对美丽容貌的一种特殊的生产和制造过程。在美丽容貌被生产和制造出来以后,它们会被女性自己和社会上的他人欣赏。人对美丽容貌的这种欣赏在某种意义上体现了人对自己身体的消费。

美丽之所以成为一种绝对规则,是因为它在某种意义上也是一种特殊形式的资本。资本逻辑的核心要义是追求增殖,资本的作用主要是带来收

---

① See Jean Baudrillard, *The Consumer Society*, trans. George Ritzer, London: Sage Publications, 1998, p.132.

②③ Jean Baudrillard, *The Consumer Society*, trans. George Ritzer, London: Sage Publications, 1998, p.132.

益。关于这一点,主要可以从美丽容貌对于女性在社会中生存和发展的意义来分析。就社会现实状况而言,在其他条件和因素相同的前提条件下,拥有美丽容貌的女性往往比容貌一般或欠佳的女性拥有更大的生存空间和发展机遇。这体现了美丽作为一种特殊形式的资本给人带来的收益。美丽作为一种特殊形式的资本带来收益,最终还是要通过人对美丽的欣赏这种特殊的消费来实现。作为一种特殊形式的资本,女性的美丽容貌只有在社会中被他人认可和欣赏,才能给自己带来收益。女性的美丽容貌在社会中被他人认可和欣赏,这在某种意义上体现了社会中的他人对女性美丽容貌的消费。对女性美丽容貌的消费在某种意义上也属于人对人的身体的消费,在某种程度上体现了人的身体成为人消费的一种特殊符号。总之,从女性身体的功用性美丽的角度来分析,人的身体也成为人自己消费的一种特殊符号。

此外,鲍德里亚分析了美丽的伦理。他指出:"美丽的伦理是时尚的伦理,它可以被定义为所有具体的价值——身体的'使用价值'(精力充沛的、手势的、性的)——减少到一个单一的、功用性的'交换价值',它本身在抽象中包含了光荣、满足的身体的概念、欲望和快乐的概念(享受),当然,也因此在它们的现实中否认和忘记了它们,最后只是慢慢地变为一种符号交换。因为美丽只不过是被交换的符号材料。它起着符号价值的作用。这就是为什么我们可以说,美丽的规则是功能性规则的模式之一,这对物体、女性(和男性)一样有效。每个女人都已成为美容师,这种美容师是商业领域设计师和造型师的对手。"[1]由此推之,在鲍德里亚看来,人身体的美丽在某种意义上也成为一种功用性的价值符号。它可以被相互交换,也可以被人们购买和消费。作为功用性的价值符号,人身体的美丽也统摄了其身体所有具体的使用价值。为了获得其身体的美丽,人们对自己的身体进行精心的呵护和保养。

---

[1] Jean Baudrillard, *The Consumer Society*, trans. George Ritzer, London: Sage Publications, 1998, pp.132–133.

这种呵护和保养的过程在某种意义上也可以被看作美丽的特殊生产和制造过程。由此,人在某种程度上也成为专门服务于自己的美容师。当然,人之所以要努力获得美丽,还是出于一种功利性的目的。这种功利性的目的是让自己的美丽被社会中的他人欣赏和认可,从而使自己获得更加有利的社会地位和发展空间。

总之,人通过对自己身体的精心呵护和保养来获得美丽,其目的是把美丽作为一种功用性的价值符号来供与自己共存于社会中的他人消费,从而让自己取得更好的社会地位和发展空间。这也再一次体现了人身体的美丽是人自己消费的一种特殊符号。论及此处,很容易让人联想到当今时代方兴未艾的整形技术。就其发展的现实状况而言,目前整形技术这个领域鱼龙混杂、良莠不齐。然而很多人尤其是女性群体,依然对整形技术趋之若鹜。这些人接受整形技术的直接目的是通过整形技术来改善自己的容貌,从而改善自己的生存和发展状况。他们接受整形技术是为了使自己的容貌更加美丽,从而使自己美丽的容貌在社会上被他人欣赏和认可,进而使自己在社会生活中获得更加有利的社会地位和发展空间。上述的人对美丽容貌的这种欣赏在某种意义上也可以被看作一种特殊的消费。总之,在鲍德里亚看来,从功用性美丽的角度来分析,人的身体是人消费的一种特殊符号。

(2)功用性色情

鲍德里亚认为,人的身体作为自己消费的一种特殊符号,也表现在功用性色情这一方面。他指出:"在美丽的旁边,正如我们刚刚定义的那样,无处不在的性欲决定了当今人体的'重新发现'和消费。美丽的规则是通过自恋的再投资而使身体受益的规则,它涉及作为性陪衬的色情。"[1]由此可见,在鲍德里亚看来,功用性色情与功用性美丽密切联系,二者共同指导着人对自

---

[1]　Jean Baudrillard, *The Consumer Society*, trans. George Ritzer, London: Sage Publications, 1998, p.133.

己身体的投入和消费。这种功用性色情是人对自己身体的性的赋值物。

此外,鲍德里亚对这种功用性色情的概念作了界定,强调必须把它和其他相关概念区别开来。他指出:"我们不得不清楚地将我们社会中作为一种普遍交换维度的色情与所谓的性区分开来。我们不得不将作为幻想和欲望住所的身体与色情身体(欲望的交换符号的底物)区分开来。在动力/身体,幻想/身体中,欲望的个体结构占主导地位。在'色情化了的'身体中,交往的社会功能占主导地位。从这个意义上说,色情规则(就像礼节或许多其他社会仪式一样,是由符号的工具性代码所调解的),仅仅是功用性规则的变体或隐喻(就像美丽的审美规则一样)。"①由此推之,鲍德里亚认为,功用性色情并不是一个生理层面的范畴,而是一个社会层面的范畴。它不同于性欲,而是一种在社会中作为交换普遍维度的范畴。具体而言,它是一种表征欲望交换普遍化的范畴。与这种功用性色情相对应,人的身体这一概念也非比寻常。人的身体不是一种幻觉和欲望的载体,而是一种欲望交换的符号载体。由此可见,从功用性色情的角度看,人的身体不再是生理学意义上的一个鲜活物体,而是一种欲望交换的符号载体。这在某种意义上体现了人的身体的符号化。

另外,关于从功用性色情角度来看的人的身体的符号化,鲍德里亚结合时装模特这一实例来作了具体阐述。他指出:"时装模特的身体是功用性的对象,是时尚和色情交织在一起的符号论坛。"②在鲍德里亚看来,时装模特的身体也并不是生理学意义上的鲜活物体,而只是一种功用性色情的符号。时装模特身体的符号化是人的身体符号化的一个缩影。此外,关于时装模特的身体这种符号,鲍德里亚还作了进一步的论述。他指出:"正如同色情从来

① Jean Baudrillard, *The Consumer Society*, trans. George Ritzer, London: Sage Publications, 1998, p.133.

② See Jean Baudrillard, *The Consumer Society*, trans. George Ritzer, London: Sage Publications, 1998, p.133.

不在欲望中而是在符号中，时装模特的功用性美丽从不在他们的表达中而是在他们的'身材'中。"①也就是说，鲍德里亚认为，对于时装模特而言，其身体作为一种符号，它主要的价值载体是其身材。此外，在他看来，作为一种功用性色情的符号，"身体——特别是女性的身体，最特别的是绝对范例或时装模特的身体——使自己构成了一个物体，这个物体相当于广告中提供的其他无性别的和功用性的物体"②。基于此，鲍德里亚认为，作为一种功用性色情的符号，人的身体也成为一种广告传播的载体。广告载体的功能和作用就是被人观看。这种观看在某种意义上也就是一种特殊的消费。由此可见，从功用性色情的角度来看，人的身体也成为人消费的一种特殊符号。

除了从功用性美丽和功用性色情两个方面来分析人的身体成为人自己消费的符号化以外，鲍德里亚还分析了其经济意义。关于这一点，他指出："被含蓄地将欲力集中于女性身体/物体范例上的最小物体也以同样的方式被盲目迷恋。因此，'消费'的整个领域被色情普遍灌输。这不是一个轻率的说法。这是时尚具体、严谨的逻辑。物体和物体形成同质符号的网络，根据我们刚刚讨论的抽象，它们可以交换它们的意义（正确地说，这是它们的'交换价值'）和'相互炫耀（自我价值）'。身体和物体之间的这种同源性将我们带入受监管的消费的深层机制。如果'身体的重新发现'总是在其他物体的广义背景中重新发现身体/物体，那么你可以看到从身体的功能性占有到购物中的商品和物体的占有是多么容易、合乎逻辑和必要的过渡。而且，我们确实知道，在完全掺假的氛围中，现代的色情主义和身体美学在多大程度上沉浸在一个充满产品、小工具和配件的环境中。从卫生到化妆（不要忘记晒黑、锻炼和许多时尚的'解放'），身体的重新发现最初是通过物体发生的。甚至

---

① Jean Baudrillard, *The Consumer Society*, trans. George Ritzer, London: Sage Publications, 1998, pp.133-134.

② Ibid., p.134.

似乎真正解放的唯一动力就是购买的动力……作为符号的身体和物体之间在理论上的等效性使实际上神奇的等式成为可能：购买——你将在你的身体里感到自在。"①在鲍德里亚看来，随着色情全面灌输到消费的领域，人的身体也变得与其他消费物品同质，成为一种功用性色情和功用性美丽的符号。换言之，人的身体也成为一种可以购买和占有的符号物品。为了重新发现和占有自己的身体，人们对自己的身体进行各种精心的保养和呵护。这种保养和呵护在某种程度上也是对身体的投入和开发。这种对身体的投入和开发必然会涉及对其他相关物品的购买和消费。唯一被真正解放了的不是人的身体，而只是购物的冲动。由此，人对于自己身体的投入和开发能够促进人对其他相关物品的购买和消费，进而带动相关产业的发展，进而在一定程度上推动整个社会经济的发展。

此外，他指出："身体出售产品。美容出售产品。色情出售产品。这并不是在最后的情况下决定'身体的解放'整个历史过程的原因中最不重要的那个。身体和劳动力都是一样的。它必须成为'解放的，不受束缚的'，才能被理性地利用，以达到生产主义的目的。正如处置自己和个人利益的自由——工人个人自由的正式原则——不得不使劳动力能够转化为对工资和交换价值的需求一样，个人不得不重新发现自己的身体，并且自恋地投资它——快乐的正式原则——为了欲望的力量使自己能够转化为对可以理性地操纵的物体／符号的需求。个人必须把自己作为物体，作为最好的物体，作为最珍贵的交换材料，以便在解构的身体、解构的性的层面建立一个创造利润的经济过程。"②由此推之，鲍德里亚认为，人的身体获得解放和自由的主要目的在于，让人把它当作物体并且自恋地投资和开发它，从而促进人对其他相关物品

---

① Jean Baudrillard, *The Consumer Society*, trans. George Ritzer, London: Sage Publications, 1998, p.134.

② Ibid., p.135.

的购买和消费,进而带动推动有关产业的发展,并且在一定程度上推动整个社会经济的发展。与此同时,人的身体被解放而获得自由的过程也是它被解构的过程。人的身体被解构为一种功用性色情和功用性美丽的符号。人的身体这种符号在某种意义上也是一种特殊的商品。这种商品能够在社会生活中被他人购买、占有、交换和消费,并且给作为其出售者的人带来一定的现实收益,比如社会地位的提高、生存空间与发展平台的改善等。另外,人的身体这种商品并不是天然生成的,而是人自己制造出来的。为了使自己的身体成为功用性色情和功用性美丽的符号,人不得不自恋地投资和开发自己的身体。这种投资和开发能够带动人们对于相关物品的购买和消费,从而带动相关产业的发展,进而推动整个社会经济的发展。因此,无论是人的身体被解放而获得自由, 还是人的身体被解构为一种功用性色情和功用性美丽的符号,都可以促使人自恋地投资和开发自己的身体,带动人对于相关物品的消费,进而带动相关产业的发展,并且在一定程度上促进整个社会经济的发展。

总之, 人的身体变成一种功用性色情和功用性美丽符号的深层原因或主要逻辑是一种经济逻辑。这种经济逻辑的主要内容如下:在现实的社会生活中, 人能够出售身体这种功用性色情和功用性美丽符号来获得现实的利益。与此同时,人必须对自己的身体进行自恋式的开发和投入,才能使自己的身体成为功用性色情和功用性美丽的符号。在这种经济逻辑的驱使下,人会不断地对自己的身体进行自恋式的开发和投入, 从而促进人对于相关物品的购买和消费,进而带动相关产业的发展,同时也在一定程度上推动整个社会经济的发展。从根源上看,人的身体成为自己消费的功用性色情和功用性美丽符号还是由资本逻辑导致的。资本逻辑的核心内容是资本通过自身的不断流通来追求增殖。为了实现自身的增殖,资本在社会运行过程中不断扩张, 进而把作为一种功用性色情和功用性美丽符号的人的身体也纳入资本主义的商品经济体系。由此,人的身体成为一种可以被生产和消费的特殊商品或符号,进而它通过自身的生产和流通来不断地推动资本的增殖。

综上所述,鲍德里亚认为,消费社会中人的符号化生存方式的具体表现在于人的生存实践的两个基本组成部分:生产活动和消费活动。首先,在生产活动中,人的符号化生存方式的表现主要在于人的生产活动的产品和过程符号化。在消费社会中,人生产活动的产品在某种意义上变为符号。与此同时,人的生产活动也必须依赖符号并且在符号的保护之下才能进行。换言之,人的生产活动被符号控制和支配。其次,在消费活动中,人的符号化生存方式的表现主要在于,人在消费活动中沦为符号的奴隶,人自己在消费活动中也成为一种特殊的符号。在消费活动中,获得物品的符号价值成为人们的消费活动的主要目标,符号的差异性逻辑也成为人们的消费活动的主导逻辑。与此同时,人沦为"消费者"这一普遍性的符号,甚至人的身体也成为人自己消费的一种特殊符号。总之,在鲍德里亚看来,人的符号化生存方式是消费社会不同于以往社会的一个突出表征。与此同时,此生存方式也是消费社会中人的生存实践方面的一个突出表征。其表现主要是符号渗透到人的生存实践各方面,进而支配和控制人的全部生存实践。

鲍德里亚揭示的人沦为"消费者"这一普遍性的符号,甚至人的身体也成为人自己消费的一种特殊符号,可以说是他对消费社会中的人的符号化生存方式的批判思想中比较有创新性的两个方面。这两个方面是人自己在消费活动中符号化的具体表现,它们在某种程度上意味着人已经全面彻底地陷入符号化的生存方式,进而也预示着人无法真正实现对自身符号化生存方式的救赎。

此外,就其中心议题而言,鲍德里亚对处于消费社会中的人的符号化生存方式的批判思想,在某种程度上也可以归结为一种对作为人的现代性生存方式重要组成部分的人的"物义论"生存方式的批判思想。这是因为,作为人的现代性生存方式重要组成部分的人的"物义论"生存方式的一个主要表现在于,人的生存实践被人自己制造的、作为客体的物(资本、商品、技术等)控制和支配,而鲍德里亚这一批判思想的主要内容是批判人的生存实践被符号这种人自己制造的、作为客体的特殊物支配和控制。换言之,在鲍德里亚这里,人的"物义论"生存方式中的主角是符号。虽然不同于以往外国哲学家关于人的"物义论"生存方式的批判思想指向的资本、商品和技术,但是符号在其本质上还是属于一种人自己制造的、作为客体的特殊物品。

　　总之,鲍德里亚对处于消费社会中的人的符号化生存方式的批判思想,在某种意义上也可以说属于对人的现代性生存方式的批判思想。基于此,虽然鲍德里亚被国内外大多数学者认定为后现代主义流派的一个著名外国哲学家,但是他又不能被简单地认定为一位后现代主义哲学家。诚然,"鲍德里亚的哲学思想中包含很多后现代主义的特征,比如,反近代哲学的主体主义,反理性主义,反逻格斯中心主义等"[1]。基于这些特征,鲍德里亚可以被认定为一位后现代主义哲学家。然而就他关于人的符号化生存方式的批判思想而言,他的这一哲学思想在很大程度上仍然属于对人的现代性生存方式的批判思想。

　　在鲍德里亚对消费社会中的人的符号化生存方式的批判思想里,后现代主义的形式特征与人的现代性生存方式批判的实质内容相互交织在一起。基于此,如果只将鲍德里亚认定为一个后现代主义哲学家,或只强调他关于人的现代性生存方式的批判思想都是不完全恰当的。对鲍德里亚哲学思想的定位,要把其主要内容和具体形式结合起来考察。此外,对于一个哲学家所属思想流派的判定,不能仅根据其所处的历史时期来作出,而应该根据其思想的中心议题和主要内容来作出。基于这一点认识,虽然鲍德里亚所处的历史时期主要是晚期资本主义社会,或者是国内外大多数学者指称的

---

　　① 参见孔明安:《鲍德里亚是一个后现代主义者吗? ——兼论现代技术与后现代的关系》,《现代哲学》,2008 年第 6 期。

后现代社会，但是不能仅根据他生活所在的主要历史时期就简单把他的哲学思想简单地归入后现代主义流派。另外，鲍德里亚对消费社会中的人的符号化生存方式的批判思想，与以往一些外国哲学家关于人的现代性生存方式的批判思想也有着不容忽视的关联。因此，必须看到他的这一哲学思想中的一个中心议题和主要内容，是以符号为切入点对人的现代性生存方式的批判。

第二节 人的符号化生存方式之主要成因

关于人的符号化生存方式的主要成因，鲍德里亚并未作出直接而明确的论述。不过，他关于这一问题的思想观点却蕴含于其著作的文本中。概括而言，在他看来，人的符号化生存方式的主要成因包括如下三个方面：资本是人的符号化生存方式形成的根源，技术是人的符号化生存方式形成的重要推手，文化是人的符号化生存方式形成的重要因素。

一、资本是人的符号化生存方式形成的根源

在鲍德里亚看来，"作为在资本的符号下生产力加速发展的整个过程的历史高潮，消费时代也是彻底异化的时代"[1]。基于此，他认为，消费社会形成的直接原因是社会生产力的发展。与此同时，社会生产力的发展又是在资本的运作下进行的。由此可见，他认为，消费社会形成的根源是资本。此外，他指出，消费社会的一个主要表征在于不断增长的消费。与此同时，"符号的秩序是消费的主体"[2]。对于消费社会而言，符号的秩序也是其主体。在《物体

---

[1] Jean Baudrillard, *The Consumer Society*, trans. George Ritzer, London: Sage Publications, 1998, p.191.

[2] Ibid., p.192.

系》中，他还对消费的含义作出了自己独特的界定："如果消费要有任何含义，那么它意味着一种系统地操作符号的活动。"①由此可见，在鲍德里亚的理论语境中，消费社会中的消费已经不再是对于物品实际使用价值的消费，而是一种对符号的消费。具体而言，它是对物品的符号价值的消费。对于人而言，消费是其生存实践的一个基本组成部分，消费方式也是人的生存方式的一个基本组成部分。由此推之，鲍德里亚认为，消费社会中的人陷入一种符号化的生存方式，在某种意义上这也正是消费社会的一个重要表征。如前所述，消费社会形成的根源是资本，因此资本也是消费社会中人的符号化生存方式形成的根源。

关于资本是人的符号化生存方式形成的根源，根据鲍德里亚著作中的有关论述，主要可以基于如下五个方面来理解。

（一）人的符号化生存方式形成的重要前提："物"的丰盛

在鲍德里亚看来，人的符号化生存方式形成的重要前提在于"物"的丰盛。关于这种"物"的内涵，他也作出了自己的特别界定。他指出："物既非动物也非植物"②，"它们不是由交换价值规律支配，而是由自然生态规律支配"③。基于此，他认为，处于消费社会中的"物"，并不是自然物，而是受到交换价值规律支配的人工物。简而言之，处于消费社会中的"物"就是商品。那么消费社会中商品的丰盛又是如何形成的呢？从根源上看，消费社会中商品的丰盛还是由资本造成的。资本逻辑的核心要义是资本通过自身的流通运动不断实现自身的增殖，也就是实现其自身价值的增加。在马克思批判的早期资本主义社会中，资本逻辑主要表现为一种以生产为中心的逻辑。作为资本的代

---

① Jean Baudrillard, *The System of Objects*, trans. James Benedict, London–New York: Verso, 1996, p.200.

② Jean Baudrillard, *The Consumer Society*, trans. George Ritzer, London: Sage Publications, 1998, p.25.

③ Ibid., p.26.

言人或有意识的担当者，资本家主要通过不断地延长雇佣劳动者的劳动时间来获取绝对剩余价值或增加单位时间内的劳动强度来获取相对剩余价值。此外，也有少数资本家借助技术革新来提升自己雇佣的劳动者的生产率，从而使他们耗费的劳动时间比社会必要劳动时间更少，进而获得超额剩余价值。由此可见，在早期资本主义社会中，资本家主要着眼于在生产领域中实现资本的增殖。也就是说，尽可能多地榨取雇佣劳动者的剩余价值来获取更多的利润，从而更多地实现资本自身价值的增加。久而久之，在这种以生产为中心的资本逻辑的支配下，资本主义经济发展的一个后果是生产的相对过剩，进而造成了鲍德里亚所说的"物"的丰盛。由此可见，"物"的丰盛是由资本逻辑支配下的资本主义经济发展导致的生产相对过剩带来的。

面临"物"的丰盛这一现实状况，资本为了实现自身的增殖，就利用广告等大众传媒诱导和刺激人们的消费行为。广告对人们消费行为的诱导和刺激导致整个晚期资本主义社会中的消费不断增长，进而消费社会得以形成。与此同时，在不断增长的消费过程中，人们对于"物"的价值取向也发生了变化——更加注重"物"的符号价值而非其使用价值。在消费社会中，对于人们而言，"物"主要是一种符号。在日益增长的消费中，人们消费的主要是"物"的符号价值而非其使用价值。基于此，人们对物品的消费也可以说主要是一种符号消费。在这种不断增长的符号消费中，人们越来越被"物"这种符号支配和控制。在这种情况下，人们也形成了一种符号化生存方式。

总之，人的符号化生存方式形成的重要前提在于"物"的丰盛，而"物"的丰盛形成的根源是资本。由此推之，人的符号化生存方式形成的根源就是资本。此外，鲍德里亚认为，丰盛的"物"都是人类活动的产物，这些"物"都受到交换价值规律的制约。交换价值规律归根到底还是体现了资本逻辑。这是因为，交换价值规律的要义是商品的交换基于其价值量来等价交换。商品的等价交换可以促进自己的持续流通，进而促进资本的不断流通和增殖。基于此,在鲍德里亚看来,丰盛的"物"也受到资本逻辑的制约,而"物"的丰盛是人的符号化生存方式形成的重要前提。因此,这也再一次说明了人的符号化生存方式形成的根源就是资本。

(二)人的符号化生存方式形成的重要条件:商品生产和商品交换

在鲍德里亚看来,商品生产和商品交换也是消费社会中人的符号化生存方式形成的重要条件。由于商品生产和商品交换的高度发达,商品的丰盛和消费的不断增长才得以出现于晚期资本主义社会。进而在此基础上,消费社会得以形成。与此同时,由于商品的丰盛和消费的不断增长,对于消费社会中的人们而言,处于交换和消费过程中的商品的意义和价值在某种程度上也发生了变化。对于商品而言,其意义和价值更加主要地表现为符号价值而非使用价值。也就是说,在消费社会中,处于交换和消费过程中的商品变为一种符号,这种符号支配和控制了人们的消费活动等生存实践。在这种情况下,人们的生存方式也符号化。不过,商品生产和商品交换形成和发展的根源是资本。正是在资本逻辑的驱使和资本的运作下,商品生产和商品交换才得以形成并不断发展,进而在晚期资本主义社会中达到高度发达的状态。

总之,商品生产和商品交换是消费社会中人的符号化生存方式形成的重要条件,而商品生产和商品交换形成和发展的根源是资本。由此可见,人的符号化生存方式形成的根源还是资本。

(三)人的符号化生存方式形成的重要动因:广告

在鲍德里亚看来,人的符号化生存方式的形成也与广告密不可分。他认为:"广告的基本功能在于提供特定产品的信息并促进其销售。"①"广告提供信息的功能,让位于说服,后来又让位于'匿名的说服',由此它的目标也转

①　See Jean Baudrillard,*The System of Objects*,trans. James Benedict,London–New York:Verso,1996,p.165.

化为完全受监管的消费。"①而当广告发展到这个阶段,它的主要功能变为"模拟了消费者的一个整体"。"用麦克卢汉的术语而言,就是使消费者重回部落状态,即通过合谋以及在信息层面但首先是在媒介本身和代码的层面进行的内在、即刻的串通。每张图像、每个广告都强加了一种共识——在所有可能被要求破译它的人之间达成的共识。也就是说,通过解码信息而被要求自动订阅它所表达的代码。"②基于此,在晚期资本主义社会中,广告对于每一个消费者都是一种无声而有效的"说服手段"。广大消费者被广告逼迫对它自己提供的信息进行解码的共识,从而使他们因对广告提供信息的解码而产生共同的消费欲望和消费需要,进而集中起来,形成一个具有内在、即刻的串通关系的消费者群体。相比于分散的消费者个体,这个具有串通关系的消费者群体进行消费活动的效率大幅提升,规模也明显扩大。此外,广告给观众提供的主要信息也包括商品的特殊符号价值。因此,在广告的诱导作用下,对于商品而言,人们在消费过程中也主要看重其符号价值而非其使用价值。在这种情况下,人们的消费行为也越来越受到符号的支配和控制,进而人们也逐渐陷入一种符号化的生存方式。总之,广告既极大地促进了整个社会的消费发展,也推动了人的符号化生存方式的形成。

此外,鲍德里亚还进一步指出:"使广告具有大众传播功能的正是它作为自动化媒介的逻辑。"③也就是说,"它是让符号、物品和消费者相互参照"④。由此推之,基于商品符号价值的传播和不同符号之间的相互参照,广告可以建构起各种符号相互勾连的一个完整体系。通过这个符号体系的运行,广告

---

① Jean Baudrillard, *The System of Objects*, trans. James Benedict, London–New York: Verso, 1996, p.165.

② Jean Baudrillard, *The Consumer Society*, trans. George Ritzer, London: Sage Publications, 1998, p.125.

③④ See Jean Baudrillard, *The Consumer Society*, trans. George Ritzer, London: Sage Publications, 1998, p.125.

能把所有的消费者组织起来,使他们集中进行同一性的消费。这样集中进行的同一性的消费可以有效推动消费效率的提高和消费规模的扩大,进而有力促进整个社会消费的发展,推动消费社会的形成和运转。与此同时,通过符号、物品和消费者之间的相互参照,广告也能有效地诱导和激发人们对于符号的消费需求,进而使人们越来越沉迷于符号消费的过程。由此,人们也越来越被符号支配和控制,进而形成一种符号化的生存方式。

广告是人的符号化生存方式形成的重要动因。不过广告之所以能够成为人的符号化生存方式形成的重要动因,其背后还是有资本的支持。在现实的社会生活中,我们看到的各种商业广告,其制作和运营费用基本是由资本赞助的。资本之所以要大力支持广告的制作和传播,并不是为了非理性地耗费资金,也不是为了单纯地让普通民众拥有消遣时间的工具。资本大力支持商业广告制作和传播的原因就在于,在"物"的空前丰盛这一前提下,只有不断将相对过剩的商品销售出去,才能有效促进商品的流通。马克思在《资本论》中指出,商品流通与资本流通既相互区别又相互依存,这两者共同构成了资本主义经济的运行过程。基于此,顺畅的商品流通能有力地推动资本的流通,进而使资本更加快速地周转,从而使资本家得到更加丰厚的利润,使资本更多地增殖。要将相对过剩的商品销售出去,促进商品的流通,就必须刺激和鼓动人们不断消费。这是因为,按照马克思在《资本论》中的有关论述,商品流通的终点、结果和最终目的在于欲望之满足,亦即消费。此外,马克思还指出,商品流通的界限在于消费。要将相对过剩的商品销售出去,促进商品的流通,就需要人们不断地进行消费。这是因为,只有人们不断地进行消费,才会不断地购买商品。要使人们不断地进行消费,就需要有效地激发人们的消费需求。要有效地激发人们的消费需求,就必须采取有效的手段。广告是一种激发人们消费需求的有效手段。通过广告,能有效地激发人们的消费需求,鼓动和诱导人们不断地购买和消费自己完全不需要或者非必需的商品,进而促进商品和资本的不断流通,从而推动资本的持续增殖。

总之,广告是消费社会和人的符号化生存方式形成的一个重要动因。广告之所以能够成为这样的动因,从根源上而言是因为有资本的支持。资本支持广告的根本目的是通过广告刺激和诱导人们消费,进而促进商品流通和资本流通,从而实现其自身的增殖。因此,从表面上看,广告是人的符号化生存方式形成的一个重要动因,然而从根本上而言,这也体现了资本是人的符号化生存方式形成的根源。

(四)消费社会的主体是符号

在鲍德里亚看来,"符号的秩序是消费的主体"①。而消费是消费社会的主体。由此推之,消费社会的主体是符号。关于这一点,他指出:"在当代资本主义社会中,一个重要的社会问题在于由符号的控制完成的所有社会关系的象征性破坏。对于资本主义体系而言,这就相当于一场与工业革命一样重要的革命。"②由此可见,在鲍德里亚看来,符号给资本主义体系带来了一场与工业革命同样重要的革命,那就是社会关系的革命。符号推动了资本主义社会原有社会关系的象征性破坏,从而使符号自己成为资本主义社会的主体。由此,资本主义社会也转变为一个以符号为主体的消费不断增长的社会,即消费社会。对于消费社会而言,符号成了其主体。符号之所以能成为消费社会的主体,主要是依靠其特殊的功能。从语言学的角度看,符号的具体内涵主要包括能指和所指。对于符号而言,其能指是它指称的事物本身,其所指是它指称的事物的意义或价值。比如,"人们用玫瑰花表达爱情"。在此处,"玫瑰花"是能指,"爱情"是所指。在鲍德里亚看来,消费社会中的商品已经不是纯粹的商品,它在某种程度上是一种符号。商品作为一种符号,其能

---

① Jean Baudrillard, *The Consumer Society*, trans. George Ritzer, London: Sage Publications, 1998, p.192.

② See Jean Baudrillard, *The Mirror of Production*, trans. Mark Poster, ST.Louis: Telos Press, 1975, p.122.

指在于其使用价值或本质功能,比如手表可以显示时间、设定闹钟等;其所指在于其社会意义或象征价值,比如手表也可以象征人的社会地位。鲍德里亚认为,作为一种符号,消费社会中的商品所指的意义或价值更加凸显,其价值更多地体现为其社会意义或象征价值。商品这种符号的所指意义或象征价值主要在于,它们具有一种区分和类同的价值。对于某一种特定的商品符号而言,它必然具有不同于其他商品符号的特殊所指意义或象征价值,即它象征的人的特定社会地位和身份。因此,人们占有和使用不同的商品符号意味着他们不同的社会地位和身份。在这种情况下,人们能凭借占有和使用某种特定的商品符号而结成一个具有某种共同消费趣味或价值取向的特定群体,从而与其他群体区分开来。基于此,就整个社会而言,人们会因为占有和使用不同的商品符号而结成不同的群体。在群体内部,人们因为占有和使用相同的商品符号而构成了一种一致性、同一性的共谋关系;在不同的群体之间,人们因为占有和使用不同的商品符号而区别开来。正是在符号的统治下,消费社会的秩序才得以形成和维持下来。

符号之所以能够成为消费社会的主体,其背后的根源依然是资本逻辑。因为消费社会形成的一个重要前提在于丰盛的"物",亦即商品的相对过剩。商品的相对过剩意味着商品流通的不顺畅。马克思认为,在资本主义商品经济的运行过程中,商品流通和资本流通既相互区别又相互依存,二者互为存在和发展的前提。因此,商品流通的不顺畅会导致资本流通和资本周转的不顺畅,进而也会影响资本的增殖。要促进资本的增殖,必须促进资本流通和资本周转。要促进资本流通和资本周转,也必须促进商品流通。要促进商品流通,就必须促进消费的发展。商品流通的终点、结果、最终目的和界限都在于消费。因此,只有促进消费的发展,才能促进商品流通的发展,进而促进资本流通和资本增殖。只有消费者不断消费商品,才会不断购买商品,进而才能消费掉相对过剩的商品,从而促进商品流通的发展,进而促进资本流通和资本周转,从而不断推动资本增殖。要促进消费的发展,使消费者不断购买和消费商品,就必须不断刺激消费者对于商品的消费需求。

然而从纯粹维持基本生活的角度看,消费者对于商品的消费需求是有限的。比如对于食物的需求而言,从人体正常生理功能的角度看,每个人在单位时间内真正需要或真正消费的食物在数量上总是有限的。从经济学的角度看,在人体生理功能正常的情况下,单就食物这种商品的使用价值而言,每个人在单位时间内对于食物这种商品的需求也总是有限的。同样,对于其他很多商品的需求也大致如此。因此,要促进消费的发展,就不能只着眼于商品的使用价值来刺激人们对它的消费需求,还必须想办法从商品的其他价值或意义的角度来刺激人们对它的消费需求。在鲍德里亚看来,消费社会中的商品,其价值不仅在于其使用价值,而更加主要地在于其社会意义或象征价值。由此,商品也成为一种特殊的符号。作为一种符号,商品象征着人们的社会地位,不同的商品象征着人们各不相同的社会地位。因此,当商品转化为符号以后,能比较有效地刺激和诱导人们实施消费行为,推动整个社会消费的增长,从而促进商品的流通和生产,进而促进资本的流通和增殖。

关于符号与资本增殖之间的关系问题,鲍德里亚曾在论述政治经济学的第二阶段向第三阶段的转变时指出:"这种转变涉及形式商品变为形式符号以及遵循一般等价规律的物质产品交换的抽象化变为遵循代码规律的交换的操作化。有了这些通向符号政治经济学的转变,这种转变就不是所有价值的简单'商业卖淫'这一问题……而是所有价值都变为在代码霸权下的符号交换价值这个问题。"①"这种控制和权力的结构比剥削的结构更微妙和更极权主义。符号远不止是商品的内涵或对交换价值的符号学补充,还是一个让自己参与结构操纵的运作结构。与之相比,剩余价值的数量之谜似乎是无

---

① Jean Baudrillard,*The Mirror of Production*,trans. Mark Poster,ST.Louis:Telos Press,1975,p.121.

害的。符号的超意识形态和能指的一般操作性——今天到处都被结构语言学、符号学、信息理论和控制论的新学科所认可——已经取代了作为这个系统理论基础的良好的旧政治经济学。这一新的意识形态结构,在代码的象形文字上发挥作用,比在生产性的能量上发挥作用的意识形态结构更难以辨认。这种操作发挥了产生意义和差异的能力, 比利用劳动力的操作更加激进。"①由此可见,随着商品转变为符号,所有商品都处于代码霸权的支配下,其价值主要转换为一种符号交换价值。凭借代码霸权,符号对于整个社会的控制和支配结构更加难以察觉,并且更加具有极权主义的色彩。这是因为,符号是一个让自己参与结构操纵的运作结构。在此基础上,它在不知不觉中控制了整个社会的人们,人们都被符号支配和驱使。

此外,因为符号具有一种超意识形态和其能指的一般操作性,所以对于资本主义社会的经济体系而言,符号政治经济学已经取代了旧的政治经济学。相比于旧的意识形态结构,作为一种新的意识形态结构的符号更加难以辨认。与此同时,作为一种新的意识形态结构的符号通过它自己生产的差异性象征意义而实现的是对整个社会中所有消费者的剥削。对于社会中的每一个公民而言,要维持和延续自己的生存,就不得不进行消费活动。因此,符号这种新的意识形态结构实现的是对整个社会中所有公民的剥削。相比于仅利用劳动力并且相对直接地剥削劳动力生产的剩余价值,这种剥削更加具有根本性,并且更加彻底和普遍。这种剥削之所以能够产生和持续存在,归根结底还是源于资本的逻辑,也是为了促进资本的流通和增殖。

总之,符号之所以能够成为消费社会的主体,其根源是资本。符号成为消费社会的主体,这是人的符号化生存方式的一个具体表征和直接原因。既然符号成为消费社会的主体的根源是资本, 那么资本也是人的符号化生存

---

① Jean Baudrillard, *The Mirror of Production*, trans. Mark Poster, ST.Louis: Telos Press, 1975, pp. 121–122.

方式形成的根源。

（五）人的符号化生存方式形成的主导逻辑是符号的差异性逻辑

在鲍德里亚看来，人的符号化生存方式形成的主导逻辑在于符号的差异性逻辑。符号的差异性逻辑是由符号本身内涵的意义差异造就的。如前所述，从纯粹语言学的角度看，每个符号的具体内涵主要包括如下两个部分：能指和所指。能指是符号指称的那个事物本身，所指是符号指称的那个事物的象征意义或引申含义。对于鲍德里亚而言，消费社会中的商品已经不再是纯粹的商品，在某种意义上是一种特殊的符号。对于商品这种特殊的符号而言，其能指在于其使用价值或本质功能。对于不同的商品符号而言，其能指有可能是相差不大或近乎相同的，比如，同一品牌、同一款式、同一型号而只是外壳颜色不同的电冰箱，其使用价值和本质功能应该是相差不大的。但是对于不同的商品符号而言，其社会意义或象征价值却基本上都是各不相同的。正因为如此，在符号的差异性方面，鲍德里亚主要瞄准和强调的是符号的所指差异。上述差异具体表现为：不同的符号意味着人们各不相同的社会地位和身份。高端、精致、奢侈、昂贵的商品符号就意味着有利的社会地位和上流的社会身份，而低端、粗糙、简约、便宜的商品符号就意味着不利的社会地位和普通的社会身份。这也是符号差异性逻辑的核心要义。

在鲍德里亚看来，这种符号的差异性逻辑适用于整个社会中的所有成员。关于这一点，他指出，"这会是一种荒谬的说法：这种符号逻辑只涉及'渴望区分'的统治阶级或中产阶级，无产阶级由于其实践的重要性而摆脱了它。这就好比说形式商品理论对工业和城市阶级是有益的，但是农民和工匠（马克思时代的绝大多数）与之无关。形式符号适用于整个社会过程，在很大程度上是无意识的。不能将它与声望和分化的有意识心理相混淆"①。也就是

---

① Jean Baudrillard, *The Mirror of Production*, trans. Mark Poster, ST.Louis：Telos Press, 1975, pp. 122-123.

说,在鲍德里亚看来,符号在人们的无意识中控制了整个资本主义社会。与此同时,符号的差异性逻辑统治了资本主义社会中所有社会阶层的人们。正是在这种符号的差异性逻辑的驱使和诱惑下,为了极力取得有利的社会地位和上流的社会身份,人们疯狂地追逐和占有高端、精致、奢侈、昂贵的商品符号。为了取得有利的社会地位和上流的社会身份来改善自己的社会地位,原本具备不利社会地位和普通社会身份的社会群体不断地追逐和占有高端、精致、奢侈、昂贵的商品符号。与此同时,原本就具备有利社会地位和上流社会身份的社会群体不断地追逐和占有更加高端、精致、奢侈、昂贵的商品符号,从而巩固和维持自己原本有利的社会地位和上流的社会身份。由此,人们陷入对高端、精致、奢侈、昂贵的商品符号的疯狂追逐和占有之中而无法自拔。与此同时,对于高端、精致、奢侈、昂贵的商品符号,人们的需求也是无止境的。在人们这种需求的刺激和推动下,高端、精致、奢侈、昂贵的商品符号得以持续不断地生产、流通和消费,进而支撑了整个消费社会的持续运行。

总之,正是在商品这种特殊符号的差异性逻辑的驱使下,人们为了取得有利的社会地位而产生对商品符号的无止境的需求和欲望,进而陷入对商品符号的不断消费。在上述消费过程中,人们逐渐被商品符号支配和控制,从而陷入一种符号化的生存方式。符号的差异性逻辑之所以能够成为人的符号化生存方式形成的主导逻辑,其根源是资本逻辑。符号的差异性逻辑并非凭借其自己的内部力量而自然形成的,其背后的一个重要动因是广告。对于各种商品而言,它们本身具有的价值只有自身的化学、物理属性等天然属性决定的使用价值;它们的社会意义或象征价值,往往是由广告赋予、宣传和推广的。正是通过广告的包装,各种商品的社会意义和象征价值才被赋予和确定,进而它们也成为各种特殊的符号。在此情况下,作为不同的符号,它们的社会意义和象征价值也不尽相同。为了刺激人们的消费行为,广告也会刻意地宣传各种符号的社会意义和象征价值上的差异。广告会用其委婉、间接的语言来向人们表达这样的意思：高端、精致、奢侈、昂贵的商品符号意味着有利的社会地位和上流的社会身份，而低端、粗糙、简约、便宜的商品符号意味着不利的社会地位和普通的社会身份。这也是符号的差异性逻辑的核心要义。由此可见，符号的差异性逻辑之所以能够成为消费社会的主导逻辑，一个重要的外部因素在于广告对它的助推作用。而广告之所以能在消费社会中大行其道，并且成为符号的差异性逻辑的动因，其背后还要有商业资本的支持。商业资本支持广告的目的主要是通过广告的宣传来诱导和刺激人们的消费行为，从而促进商品流通，进而推动资本的流通和增殖。资本逻辑的要义是资本通过商品和自己的流通来实现增殖。由此可见，符号的差异性逻辑得以产生和持续存在的根源还是资本逻辑。符号的差异性逻辑是消费社会中人的符号消费行为的一个主要的内在逻辑和动力机制。符号消费行为又正是人的符号化生存方式的一个主要表现。由此推之，资本是人的符号化生存方式形成的根源。

总之，关于资本是人的符号化生存方式形成的根源这一观点，鲍德里亚并未在其著作文本作出大量直接的论述。然而这一观点也蕴含于其著作文本中的很多论述。此外，基于这一观点，鲍德里亚与马克思在哲学思想上也有了一个交集，即对资本及其逻辑的批判。这也可以说是鲍德里亚与马克思在哲学思想上的一个纽带和桥梁。马克思对资本及其逻辑进行了全面深入的批判，而鲍德里亚也揭示了资本及其逻辑对消费社会中的人的符号化生存方式的形成过程起到的根源作用。由此推之，就对资本及其逻辑的批判而言，鲍德里亚研究的哲学问题并未超出马克思开创的哲学问题视域。同时，就这一点而言，鲍德里亚在哲学思想的广度和深度上也并未超越马克思，而是在一定程度上潜在地继承了马克思关于资本及其逻辑的批判思想。尽管如此，对资本及其逻辑的批判也只是蕴含在鲍德里亚对人的符号化生存方式批判思想中的一条隐性线索。

二、技术是人的符号化生存方式形成的重要推手

如前所述,在鲍德里亚看来,人的符号化生存方式的根源是资本。不过他也认为,仅依靠资本的力量,还不足以造成人的符号化生存方式。他认为,技术是消费社会中人的符号化生存方式形成的重要推手。关于这一观点,基于其著作中的有关论述,可以从以下两个方面来分析。

(一)生产领域的技术推动了人的符号化生存方式的形成

在鲍德里亚看来,生产领域的技术推动了人的符号化生存方式形成的表现主要包括以下四个方面:

1.生产领域的技术进步推动了消费物品的符号化

鲍德里亚在《消费社会》的开篇处指出:"今天,由倍增的物、服务和物质财富构成的奇妙而显著的消费和丰盛现象环绕在我们周围。"①由此可见,他认为,消费社会形成的一个重要前提和表征是"物"的丰盛。在此处,鲍德里亚指称的"物"并非自然界本来就有的天然物,而都是在人类社会中生产活动的成果,是打上了人类烙印的人工物。另外,就其用途而言,这些"物"主要是被人们在日常生活中消费的。对于此,他指出:"日常的物品(我们在这里不涉及生产机器)激增,需要也倍增。"②就其用途而言,鲍德里亚指称的"物"主要指在日常生活中满足人们消费需要的物品,亦即在日常生活中被人们消费的物品。简而言之,这些"物"主要是各种消费物品。

要生产丰盛的消费物品,就需要有强大的生产力作为支撑。在现代社会中,生产力的发展离不开生产领域中科学技术的支持和推动。正因为如此,

---

① Jean Baudrillard, *The Consumer Society*, trans. George Ritzer, London: Sage Publications, 1998, p.25.

② Jean Baudrillard, *The System of Objects*, trans. James Benedict, London-New York: Verso, 1996, Intruduction, p.3.

在某种意义上,这些消费物品也都是打上了生产技术烙印的物品,即技术产物。关于"物"的科技属性,鲍德里亚也作了一些论述。在《物体系》中,他指出:"科技现实甚至是物品最具体的一个方面,因为科技的发展与物的结构演变是同义词。在最严格的意义上,物在科技领域发生的变化是本质的,而物在需要和实践的心理学或社会学领域发生的变化不是本质的……正是从技术模型的一致性出发,由于物的被生产及消费、被占有及被个性化,我们能达到对物所发生变化的理解。"①基于此,鲍德里亚认为,"物"的一个重要属性或基本特征在于科技性,科技的演进会引起"物"的结构变化。上述这些消费物品也属于鲍德里亚所指称的"物",只不过是就"物"的用途或功能而作出的具体阐释。因此,在某种意义上,这些消费物品是科技的产物,它们的丰盛在很大程度上得益于生产领域的技术进步。具体而言,自 20 世纪 40 年代中叶以来,亦即第二次世界大战结束以来,世界政治、军事局势趋于和平稳定。在此背景下,资本主义国家开始着力推进战后国内经济的发展。在此情况下,在资本主义国家中,第三次科技革命应运而生并且迅速发展,进而有力地推动了科技的进步。科技的进步也有力地促进了资本主义国家生产力的发展,进而带来了消费物品的丰盛。

总之,生产领域的技术进步是推动社会生产力进步,进而导致消费物品的丰盛的一个重要原因。在鲍德里亚看来,消费物品的丰富导致的一个意外结果是其相对于人的价值发生变化。由于生产技术的进步导致消费物品的丰盛和不断增长,对于人而言,供自己消费的物品之价值主要表现为其符号价值而非其使用价值。由此推之,生产领域的技术进步导致消费物品的丰盛并且不断增长,进而使它在某种程度上变为一种符号。由此,人对物品的消费在某种意义上也变为对符号的消费。消费是人的生存实践的基本组成部

---

① Jean Baudrillard, *The System of Objects*, trans. James Benedict, London–New York: Verso, 1996, Intruduction, p.5.

分之一。因此,人对物品的消费变为对符号的消费,在某种意义上意味着人的生存方式的符号化。总而言之,生产领域的技术进步推动了消费物品的符号化,进而也推动了人的生存方式的符号化。

2.生产领域的技术进步导致符号物品的差异更加细化

在鲍德里亚看来,人的符号化生存方式形成的主导逻辑是符号的差异性逻辑。符号的差异性逻辑的核心要义是不同的商品符号具有不同的社会意义或象征价值。具体而言,不同的商品符号象征着人们不同的社会地位或社会身份。高端的商品符号象征着人们上层的社会地位或社会身份,低端的商品符号象征着下层的社会地位或社会身份。因此,人们为了提升或彰显自己的社会地位或社会身份,都会努力购买和消费高端的商品符号,从而有力地促进高端商品符号的消费及其生产。

符号的差异性逻辑并非凭空存在的,其存在的客观物质基础在于不同符号物品的真实差异。不同符号物品的真实差异并非天然或自动形成的,而是社会生产力发展的结果。鲍德里亚指出:“最微不足道的物品也一定能凭借一些区分性的特征来与其他物品区分开来:颜色、要素、细节。这样的细节总是以具体的方式呈现出来……这种差异只是大卫·里斯曼指称的边缘性差异,也许称它们为一种非必要的差异更加准确。事实就是,在工业的产品和其技术一致性的层面上,个性化的要求只能在非必要的部分获得满足……自然地,当物品越是必须回应个性化需求,它的本质特征就越被一些外在要求添加负担……但在这里,生产的规定承担的责任最大,因为它为了促进消费而不受控制地玩弄非必要的部分。”①由此可见,在鲍德里亚看来,对于任何一个消费物品而言,它总会有一个区别于其他消费物品的差异。这一差异虽然是这一消费物品的非本质必要的部分,也是一个无关紧要的差

―――――――――

① See Jean Baudrillard, *The System of Objects*, trans. James Benedict, London–New York: Verso, 1996, pp.141–142.

异,但是正是由于这一差异的存在,不同的消费物品具有了与其他消费物品不同的象征意义和符号价值。换言之,正是由于这一差异的存在,消费物品在某种意义上也成为一种符号物品。因此,上述消费物品之间存在的差异也可以说是符号物品之间的差异。

对于这一差异而言,其形成的原因主要还是在于生产的规定。生产的规定又取决于社会生产力的发展水平。对于社会生产力而言,其发展在很大程度上又是生产领域的技术发展带来的。因此也可以说,生产领域的技术发展在某种程度上导致符号物品的差异更加细化。这种符号物品差异的细化能更好地激发人们潜在的消费需求,促进整个社会消费的增长,从而推动消费社会的形成,也使人的生存方式符号化。关于这一点,鲍德里亚也结合很多生活实例作了比较透彻的说明。比如,克拉克装饰公司设计的垃圾桶花饰灿烂绽放、电动剃须刀的六角造型和防磁设计、冰箱的新型超低温冷藏室和特别设计的奶油解冻器。在他看来,在生产领域中的技术发展的推动下,这些消费物品特殊设计的花饰、造型、要素等细节,与同类物品的对应细节相比,只存在一些边缘性的差异。也就是说,这些细节并不是它们各自所属的同一类物品的本质必要的功能,这些细节上的差异并不会削减或增加对应物品的本质必要功能。对于同一类物品的本质必要功能而言,这些细节上的差异在某种程度上确实显得微不足道、无关紧要。不过这并不意味着它们连丝毫的意义和价值都不具备。实际上,正是由于这些差异的存在,不同的消费物品才具备了各自特殊的象征意义和符号价值,从而在某种意义上变为一种符号物品。

另外,这些差异能有效地发挥促进消费的作用,进而也能促使人的生存方式符号化。这是因为,在晚期资本主义社会中,随着生产领域中的科技进步带来的生产力发展,生产相对过剩,进而消费物品十分丰盛并且其数量不断增长。与此同时,消费物品的同质化倾向也比较突出。随着社会化、标准化、批量化的生产方式的普及,同一类消费物品在本质必要功能上的差异不断缩小。丰盛并且不断增长的、同质化倾向比较突出的消费物品,并不能比较有效地激发人们的消费兴趣,也很难维持和拓展其消费需求。这主要是因为,同质化的消费物品难以满足人们个性化的消费需求。基于此,人们对其的消费需求可能更多地仅局限于满足自己日常生活基本需要的范围内,而难以形成对其强烈的消费兴趣,进而也难以扩大对其的消费需求。也就是说,同质化的消费物品抑制了人们潜在的消费需求,进而阻碍了人们消费需求的扩大。在这种情况下,生产领域中的技术发展带来的各种消费物品的边缘性差异就显得非常有意义和价值。这是因为,虽然这些边缘性差异并不会影响其各自所属消费物品的本质必要功能,但是它们确实也造成各种消费物品的客观性差异更加多样和复杂。它们使同类消费物品的异质性倾向更加突出,进而更加有效地关照人们的个体化消费需求,同时更加充分地吸引人们的多样化消费兴趣,激发人们潜在的消费需求,从而有效地维持和扩大人们的消费需求,进而促进整个社会消费的增长,推动消费社会的形成,也使人的生存方式符号化。总之,生产领域的技术进步导致符号物品的差异更加细化,进而也能推动人的符号化生存方式的形成。

3.生产技术的革新推动了符号物品的更新换代

在鲍德里亚看来,生产技术推动符号物品的更新换代主要表现在,生产技术的革新使符号物品的功能和结构不断更新,从而推动符号物品的不断更新换代。关于这一点,他指出,在现代社会中,"有一种物品的癌症:非结构性要素的增生支撑了物品的必胜主义,这就是一种癌症"①。由此可见,鲍德里亚认为,在现代社会中,物品在其外在表象上的一个明显特征在于其身上非结构性要素的增加。对于物品而言,虽然这是一种"不治之症",但是它在

---

① See Jean Baudrillard,*The System of Objects*,trans. James Benedict,London-New York:Verso,1996,p.124.

某种意义上也赋予了物品以某种不可替代的优势。这种优势在于通过这些非结构性要素的不断增加,物品能够不断实现自身的更新换代。在鲍德里亚的理论语境中,物品主要指供人们消费的人工物品。也就是说,非结构性要素的不断增加能够赋予消费物品的独特优势;也使消费物品实现自身的更新换代。正是因为如此,消费物品才能始终在整个社会中保持与众不同的优势地位和无可替代的独特价值,使人们继续保持对它的购买和消费需求,从而推动整个社会的消费增长。

在某种意义上,这种通过非结构性要素的不断增加而实现更新换代的物品已经不再是纯粹的物品,而是一种符号物品。因为这些非结构性要素的价值并不在于其使用价值,而是在于其符号价值。这些非结构性要素具有不同的社会意义,象征着人们不同的社会地位。由此,通过消费具有不同非结构性要素的物品,人们被区分为不同的社会阶层。消费物品变为一种符号物品,能保持人们对其的消费需求,进而促进人们的消费行为。这在某种意义上也使人们的消费行为变为一种符号化的行为。换言之,人们的消费行为符号化。消费是人的生存实践的基本组成部分之一。因此,这也意味着人的生存方式符号化。

此外,鲍德里亚指出:"我们可以从以下事实中获得安慰:即使物品有时逃脱实践的人的控制,它们从不逃脱想象。想象的模式跟随技术革命的模式。因此,可以预见的是,技术效率的下一个模式也将引起新的想象模式。"①由此可见,鲍德里亚认为,供人们消费的物品的本质在某种意义上是一种形象投射,而形象投射的模式随着技术的演变而变化。这在某种程度上也间接说明技术的革新推动了消费物品的更新换代。消费物品的本质在于形象投射,它投射的是人对于物品的消费需求和价值取向。这在某种意义上意味着它

---

① Jean Baudrillard,*The System of Objects*,trans. James Benedict,London –New York:Verso,1996,p.118.

是一种符号。因此,技术革新推动消费物品的更新换代在某种意义上意味着技术革新推动符号物品的更新换代。另外,鲍德里亚指出:"今天,我们看到物的产生、成长完善与死亡。然而,在所有以往的文明中,永久的物品、器具或建筑超出人类的世代而存在。"①由此可见,鲍德里亚认为,消费社会不同于之前历史时期的一个显著特征是消费物品的不断更新换代。消费物品的更新换代是生产技术革新的产物。消费物品的不断更新换代,在某种意义上意味着消费物品变成了一种符号。这是因为,消费物品的不断更新换代固然是生产技术进步带来的客观社会现象,而这种社会现象在某种程度上意味着消费物品使用价值的贬值和符号价值的凸显。消费物品的符号价值在于其象征着人的社会地位,而不同的消费物品象征着人们不同的社会地位。因此,为了获得或维持良好的社会地位,人们不断购买和占有新的消费物品,从而也在一定程度上迎合和助推了消费物品的更新换代。

总之,在消费社会中,消费物品在某种意义上已经变为符号物品,而生产技术的革新推动了这些符号物品的更新换代。此外,在鲍德里亚看来,"用手柄的汽车现在看起来是过时的,而不用手柄的才是现代的"②。在现代社会中,汽车的手柄之所以能够取消,主要得益于汽车生产技术的革新。这在某种程度上体现了技术革新推动消费物品的更新换代。是否用手柄成为评判汽车是传统的还是现代的一种主要标志,这在某种意义上意味着汽车已经不再是一种纯粹具有使用价值的功能物品,而是一种具有象征意义和符号价值的符号物品。因此,汽车生产技术的革新推动汽车的更新换代,在某种意义上也体现了生产技术的进步推动符号物品的更新换代。放眼当今世界的现实生活,电子产品的不断更新换代是由生产技术的进步带来的。与此同

---

① Jean Baudrillard, *The Consumer Society*, trans. George Ritzer, London: Sage Publications, 1998, p.25.

② Jean Baudrillard, *The System of Objects*, trans. James Benedict, London–New York: Verso, 1996, p.110.

时,不断更新换代的电子产品,在某种程度上成为一种符号物品。对于电子产品的某些消费人群而言,电子产品象征着自己的社会地位。比如,苹果系列的笔记本电脑,从第一款问世至今,一直在不断更新换代,而这就得益于苹果公司在生产技术上的革新。此外,苹果系列的笔记本电脑之所以广受某些社会群体的追捧,是因为他们将其视为一种尊贵的社会地位的象征。由此,对于这些社会群体而言,苹果笔记本电脑在某种意义上就成为一种符号物品。因此,生产技术的革新推动苹果笔记本电脑的更新换代,在某种意义上也体现了生产技术的革新推动了符号物品的更新换代。符号物品的更新换代也推动了人的符号化生存方式的形成和持续。总之,生产技术的革新推动了符号物品的更新换代,这对于人的符号化生存方式的形成和持续也具有推动作用。

4.生产技术的缺陷加快符号物品的损坏和消耗

在鲍德里亚看来,对于符号物品而言,生产技术具有一种积极作用,这种积极作用主要是促进符号物品的更新换代。与此同时,在某种程度上,它具有某种负面作用。生产技术的缺失也能加快符号物品的损坏或消耗。他指出,在现代社会中,"联合起来的个性化的规则和生产的规定,使附件的特征增生而严格意义上的使用价值受损。所有流行的创新和奇想的第一个效果,就是致使物品更加劣质和短暂"①。也就是说,在现代社会中,由于消费者个性化的消费需求,以及生产的规定本身的影响,导致在生产技术上人为刻意地设计某些缺陷。这些生产技术上的缺陷会导致符号物品在其被生产的过程中被减损和削弱了使用价值。换言之,这些符号物品在被生产出来的那一刻起,其使用价值就是被减损了的。用一个通俗的说法来讲,这些符号物品是通过具有人为设计的缺陷的生产技术制造出来的"次品"。这些符号物品

---

① Jean Baudrillard, *The System of Objects*, trans. James Benedict, London –New York: Verso, 1996, p.145.

一旦进入人们日常生活中的消费过程,就会比较容易快速地被损坏和消耗。简而言之，生产技术上人为刻意地设计的某些缺陷会导致符号物品在其被生产的过程中被减损和削弱了使用价值,进而加速符号物品的损坏和消耗。符号物品的损坏和消耗的加速， 也迫使人们不得不加速对符号物品的购买和消费。由于符号物品加速损坏和消耗，为了维持自己的日常生活消费水平,相比于消费物品更加结实耐用的年代,人们也不得不提高自己对消费物品的购买和消费行为的频率，进而也在一定程度上造成了人对符号物品的消费的不断增长和繁荣。与此同时,消费的增长和繁荣进一步带动了符号物品的社会生产及其流通的发展,从而使符号物品进一步丰盛,也进一步推动了符号物品消费的增长和繁荣。符号物品消费的增长和繁荣也直接促成了消费社会和人的符号化生存方式的形成。此外,他指出,在后现代社会中,对于符号物品而言,"如果被控制的流行之波动不足以再刺激需求， 就要依赖人造的次功能——'蓄意劣质的建造'"①。这也就是说,在后现代社会中,如果符号物品的流通不顺畅,进而导致符号物品通过自身的更新换代无法有效地激发和诱导人们产生新的消费需求,那么在这种情况下,为了促进整个社会的消费增长,就不得不在生产技术上进行人为的刻意设计,人也越来越深陷于对符号物品的购买和消费。消费是人的基本生存实践活动之一,由此人也深深地陷入一种符号化的生存方式。总之,生产技术的缺陷加快符号物品的损坏和消耗,这也能推动人的符号化生存方式的形成和存续。

(二)消费领域的技术推动了人的符号化生存方式的形成

在鲍德里亚看来，消费领域的技术推动了人的符号化生存方式形成的表现主要包括以下两个方面:

---

① Jean Baudrillard, *The System of Objects*, trans. James Benedict, London–New York: Verso, 1996, pp.145–146.

1.传媒技术推动了人的符号化生存方式的形成

在鲍德里亚看来，人的符号化生存方式形成的一个重要原因也在于消费领域中的技术引导和助推了人们对符号物品的消费行为。对于消费领域中的技术进步，鲍德里亚主要着重而明确地围绕广告来探讨了传媒技术对于消费和人的符号化生存方式形成的推动作用。他指出："广告也许是我们这个时代最引人注目的大众媒介。就像在谈到一个特定的对象时，它可能会夸耀所有的对象，而在提及一个特定的对象和品牌时，它实际上谈到了对象的全部和一个由对象和品牌组成的世界。因此，在针对每个消费者时，它是针对他们所有人的。"[①]由此，它就"模拟了消费者的一个整体"[②]。换言之，它"使消费者重回部落状态，即通过合谋以及在信息层面但首先是在媒介本身和代码的层面进行的内在、即刻的串通。每张图像、每个广告都强加了一种共识——在所有可能被要求破译它的人之间达成的共识。也就是说，通过解码信息而被要求自动订阅它所表达的代码"[③]。基于此，凭借一种内在的代码，广告造就了不同消费者之间的内在一致性，从而使不同消费者之间形成了一种不约而同的、事实上的同谋关系，进而构成了对消费者的一种柔性而又不可抗拒的说服，由此引导和推动了不同消费者的消费行为。与此同时，在广告的诱导下，人们在消费过程中会主要注重物品的符号价值而非其使用价值。由此，对于人们而言，自己所消费的物品在某种意义上越来越变为一种符号，而这种符号也越来越深刻地支配和控制人们的消费过程。由此，人们形成了一种符号化的生存方式。

鲍德里亚进一步指出："使广告具有大众传播功能的正是它作为自动化媒介的逻辑。"[④]也就是说，"它是让符号、物品和消费者相互参照"[⑤]。他还指

①②③　Jean Baudrillard,*The Consumer Society*,trans. George Ritzer,London:Sage Publications,1998,p.125.

④⑤　See Jean Baudrillard,*The Consumer Society*,trans. George Ritzer,London:Sage Publications,1998,p.125.

出："大众传播无处不在地是由这种在技术媒介和代码层面上的系统化定义的,是由来自媒介自己而非世界的系统性的信息生产定义的。"①由此推之,鲍德里亚认为,就其本质而言,广告也是一种技术媒介。因此,广告对消费和人的符号化生存方式形成的推动作用可以被看作技术对消费和人的符号化生存方式形成的推动作用。

此外,鲍德里亚结合广播节目中的广告所引起的消费效应,探讨了广告背后的传媒技术对消费和人的符号化生存方式形成的推动作用。关于这一点,他指出:"广播新闻似乎不是一个热门话题:它的系统性交替施加了一种单一的接收模式,即一种消费模式。而这并不是那么多地因为其语气与广告信息相符的价值表明:最重要的是,世界历史是无关紧要的,唯一值得兴奋的是消费对象。这是第二位的。真正的效应更加微妙:它是通过消息的系统性连续性以及在符号层面上的历史和次要新闻、事件和景象、信息和广告的等效性的系统性连续性强加于我们。它不是在广告的直接论述中,但是真正的那个消费效应可以在那里被找到。借助电视和广播的技术媒体,它正在将事件和整个世界分割成不连续的、相继的、不矛盾的消息——可以在程序的抽象范围内与其他符号并列和组合的符号。那么,我们消费的不是广告中的特定景观或图像,而是所有可能的景观的潜在接替——以及一种确定性:接替规则和节目表的分割将意味着它们内部不存在在其他景观或符号中间出现任何一种不是景观或符号的事物的危险。"②由此推之,鲍德里亚认为,广播节目中的广告之所以能够引起巨大的消费效应,一个重要原因还是广告背后传媒技术的支持。正是依靠传媒技术的支持,广告才得以将事件和整个世界分割成不连续的、相继的、不矛盾的消息,或者说,也就是可以与广播节

---

① See Jean Baudrillard, *The Consumer Society*, trans. George Ritzer, London: Sage Publications, 1998, p.125.

② Jean Baudrillard, *The Consumer Society*, trans.George Ritzer, London: Sage Publications, 1998, p. 122.

目中的其他符号同时进行组合和传播的符号，进而在广告中包含的这些信息才能被我们接收和消费。在收看广告时，我们接收和消费的并非原原本本的场景或画面，而是经过编辑加工和排列组合的不同符号构成的一切可能承接之潜在性。除此之外，我们接收和消费的还有广播中的节目表分割和接替规则的一种确定性。我们愿意接受和相信广播中经过分割的、相互接替的包括广告在内的各种节目。

总之，对于广播节目中的广告而言，正是得益于传媒技术的支持，它才得以将自己想要传播的商业信息转换成一些连续化、中性化的符号，进而有效地传达给节目的听众或潜在的消费者，从而引起广泛而强烈的消费效应。依靠传媒技术的支持，广告能有效地刺激和诱导人们实施消费行为，进而推动整个社会消费的增长，从而推动消费社会的形成和运行。在消费社会中，人们消费的物品在某种意义上是一种符号物品。由此，人们的消费行为在某种意义上是一种符号消费。符号消费是人的生存方式符号化的表现之一。与此同时，消费社会也正是人的符号化生存方式形成和持续存在的基础。因此，传媒技术推动整个社会消费的增长和消费社会的形成，进而也在一定程度上推动了人的生存方式符号化。

2.先行消费的技术推动了人的符号化生存方式的形成

除了广告以外，消费领域的另一种技术也是推动人的符号化生存方式形成的一个重要因素，即先行消费的技术。鲍德里亚认为，一种新型的伦理也出现于晚期资本主义社会，它就是先行消费的伦理。正是遵循这种先行消费的伦理，人们的消费需求才得到了极大的调动，消费潜力才得到了极大的释放，进而实施了很多先行消费。通俗来讲，先行消费就是"花今天的钱来圆明天的梦"。这种行为在晚期资本主义社会中已经相对普遍化，从而推动了整个社会消费的极大增长，并且也在一定程度上促进了消费社会的生成。消费社会的生成为人的符号化生存方式的形成提供了社会基础。

　　先行消费这种行为之所以能够产生和发展，不仅是因为先行消费伦理的支撑，还离不开先行消费相关技术的支持。先行消费的相关技术，至少应该包括以下三个方面：一是物流领域的技术。它主要指一些更加方便、快捷、安全、高效的消费品物流技术。在消费社会中，商品经济的运行过程还是由生产、分配、交换、消费四个环节构成，它们彼此衔接、互相依存、密不可分。在上述这四者的内在关联中，商品消费的前提是其交换或流通。商品交换或流通也离不开物流技术的支撑。只有依靠高效的物流技术，商品交换才能便捷高效地进行，进而才能推动先行消费和整个社会消费的不断增长。二是支付领域的技术。它主要指一些更加便捷、高效而且安全的支付技术手段。如前所述，在消费社会中，商品消费的前提是其交换或流通，而商品交换或流通持续进行的一个重要支撑是支付技术手段。在消费社会中，正是在高效的支付技术手段的支持下，先行消费和整个社会的消费才会不断增长。三是金融领域的技术。它主要指一些更加便捷、安全、高效的借贷技术手段。在消费社会中，先行消费的形成和发展与借贷技术密不可分。正是在高效的借贷技术的推动下，人们才能通过借贷来获得自己的消费资金，进而才能实施先行消费。由此，整个社会的先行消费才得以形成和持续发展。

　　正是因为有了上述三大领域的技术支持，先行消费才会出现于晚期资本主义社会，并成为人们的一种普遍活动。在先行消费中，人们对于物品的价值取向也发生了变化。人们不再主要注重物品的使用价值，而更加注重商品的符号价值，进而人们的先行消费在某种意义上变为一种符号消费。换言之，人们的先行消费活动受到符号的支配和控制。消费活动是人们生存实践的基本组成部分之一，因此人们的先行消费变为一种符号消费，这在某种程度上也意味着人受到符号化生存方式的支配和控制。总之，先行消费的技术也在一定程度上推动了人的符号化生存方式的形成。

　　鲍德里亚关于技术在人的符号化生存方式形成过程中的推动作用的上

述论述,与海德格尔、斯蒂格勒等关于技术对人的生存实践的作用的论述也有相通之处。海德格尔认为,本质在于"集置"的技术对人的生存实践具有两面性的作用:一方面,技术有效地协助人进行自身的生存实践,从而改善人的物质生活;另一方面,技术"促逼"着人不断推进自己的生存实践,从而反过来支配和控制了人的生存实践,使人封闭于一种技术化生存方式的泥潭。在斯蒂格勒看来,技术相当于人的"义肢",它对人的生存实践的作用也具有两面性:一方面,技术能有效地辅助人的生存实践;另一方面,技术也会支配和控制人的生存实践,使人陷入一种技术化的生存方式。与海德格尔、斯蒂格勒的有关观点类似,在鲍德里亚看来,技术对于人的生存实践也具有两面性的作用:一方面,技术能推动人的生产、消费等生存实践,从而有效地促进人的物质生活水平的提高;另一方面,技术也反过来支配和控制了人的生存实践,使人形成了一种技术化的生存方式。与此同时,符号也借助技术的力量支配和控制了人的生存实践,从而使人陷入一种符号化的生存方式。总之,在鲍德里亚看来,技术是人的符号化生存方式形成的一个重要因素。技术对人的生存实践的支配和控制使人陷入一种技术化的生存方式,而技术化的生存方式又推动了人的符号化生存方式的形成。

三、文化是人的符号化生存方式形成的重要因素

鲍德里亚认为,处于消费社会中的人的符号化生存方式的主要成因是资本和技术,然而这并不意味着,人的符号化生存方式的成因仅是资本和技术。换言之,并非仅通过资本和技术的运作,人的符号化生存方式就能顺利地形成。事实上,基于他的有关论述,文化也是人的符号化生存方式形成的一个重要因素,其具体表现主要包括以下三个方面:

(一)先行消费的伦理带动了人的符号消费

鲍德里亚认为,有别于传统社会的消费社会的一个重要特征也就在于,

在消费社会中,物品的消费比它们的生产先行。简而言之,也就是消费超前于生产。人们的消费行为往往超前于物品的生产。在这种超前消费的刺激下,人们的消费欲望和消费需求会不断膨胀,进而导致整个社会的消费不断加速扩张和超前发展。与此同时,在消费的推动下,整个社会的生产也会得到一定的发展。然而生产发展的速度远远赶不上消费扩张的速度。在消费社会中,消费总是远远超前于生产。此外,在鲍德里亚看来,由于消费超前于生产这种客观现实状况在整个消费社会中普遍存在而且影响广泛。由此,在消费社会中也形成了一种先行消费的伦理。正如他指出的:"当今时代,一个新的道德已经诞生了。消费领先于积累,向前飞行,强迫的投资、加速的消费、慢性的通货膨胀(暗示节约的荒谬)——这些是目前我们先购买而后在劳动中偿还的整个体系的发动机。"①也就是说,由于消费先行于生产这种客观现实状况在整个消费社会中普遍存在,在日积月累的超前消费的刺激和诱导下,人们的消费观念也发生了一定的变化。在传统社会中,人们坚持以勤俭节约为美德,在进行消费活动时坚持量入为出,根据自己的实际资金积蓄来审慎、理性地进行消费活动。然而在消费社会中,人们不再坚持以勤俭节约为美德,而是注重自己的消费和享受,甚至在整个社会中普遍存在的消费先行于生产这一客观现实状况的影响和熏染下,人们也形成了一种先行消费的生活习惯和思想观念。这种先行消费的思想观念在整个消费社会中蔚然成风,被人们广泛接受和遵循,因而它也成为整个消费社会中的一种特殊伦理,影响着人们的日常消费,也调节着整个社会的运行。

在这种特殊的消费伦理的影响下,人们消费活动的主要目标和价值取向也发生了一定的变化。传统社会中的人们在消费活动中一般主要看重物品的使用价值。相比之下,消费社会中的人们在消费中主要看重物品象征的

---

① Jean Baudrillard, *The System of Objects*, trans. James Benedict, London –New York: Verso, 1996, p.160.

人的社会地位而非其使用价值。也就是说,消费社会中的人们在消费中主要看重物品的符号价值。基于此,消费社会中的消费物品在某种意义上变为符号。人们对于物品的消费进而也在某种意义上变为对符号的消费。消费是人的生存实践的基本组成部分之一,因此人们对符号的消费意味着人陷入一种符号化生存方式的泥潭。在先行消费这种新型伦理的引导和驱使下,人们的消费欲望和消费需求会被极大地激发和释放出来,进而人们不断购买和消费符号物品,亦即不断进行符号消费,从而越来越深陷于一种符号化的生存方式。总之,先行消费的伦理带动人的符号消费活动,从而推动人的符号化生存方式的形成。

(二)竞争的意识形态促进了人的符号消费活动

在鲍德里亚看来,人的符号化生存方式之所以在消费社会中形成,与竞争的意识形态也有一定的关联。他指出:"现在应该可以容易地了解在竞争和'个性化'的主题背后起条件性作用的系统的本质。那个过去相同的竞争的意识形态,以前在'自由'的旗帜下构成了生产的黄金规则,现在已经被无限制地转移到消费的领域中。凭借成千上万的边缘性差异以及一个单独的产品通过调节而经常发生的纯粹形式衍射,如此,竞争已经在每一个层面更加严重,从而开启了一种危险的自由之可能性。这也确实是我们拥有的最终的自由,即选择一些可以使一个人和他人区别开的物品。事实上,就像在生产的领域中经历的一样,竞争的意识形态在这里也可以论证地落入了相同程序的罗网,并因而遭遇相同的命运:虽然消费可能依然把自己当作一种个人表达,在其中有一个自由程序,但是生产将不可避免地被计划所支配,这仅仅因为目前心理调节的技术远远不如经济计划的技术那样先进。身处于欧洲的我们还想要他人没有的东西:无论如何,在西欧社会中(这个问题在东欧社会中正被搁置),我们在物品的选择和使用方面仍然处于一种竞争的、英雄主义的阶段。"①由此可见,鲍德里亚认为,对于消费社会而言,在社会思潮方面的一个突出现象是在消费领域中普遍存在的竞争的意识形态。

这种竞争的意识形态的主要内容是通过相对自由地选择和消费一些与他人占有和消费的物品不同的物品,或者说别人不曾占有或消费的物品,从而使自己与他人区分开来。这种区分主要指一种社会地位上的区分,这种区分的关键之处就是获得和保持超越于他人的社会地位。在消费社会中,消费物品的价值主要并不在于其使用价值,而是在于它们象征着人们的社会地位,这在某种程度上意味着这些物品变为一种符号。因此,人们对于这些物品的消费在某种意义上是对于符号的消费。正是在这种竞争的意识形态的驱使下,为了使自己在社会地位方面与他人区分开来,人们才会不断地进行对符号的消费,从而也推动对符号的消费在整个社会中的愈演愈烈、不断扩张。与此同时,人们也越来越深地陷入对符号的消费而无法自拔。消费是人的生存实践的基本组成部分之一,因此人们进行对符号的消费活动也意味着人的生存方式符号化。总之,在消费社会中,竞争的意识形态助长和推动了人的生存方式的符号化。

(三)自我完成的"哲学"推动了人的符号消费活动

鲍德里亚认为,人的符号化生存方式,除了与竞争的意识形态有关以外,还与一种自我完成的"哲学"具有一定的关联。这种"哲学"并非指一套系统完整的哲学理论,而主要指一种追求自我实现的社会思潮和价值观念。他指出:"目前竞争的意识形态到处都让路给自我完成的'哲学'。社会被更好地合并,因而个人不再为了对物品的占有而激烈争夺,而是每一个人都独立地在自己消费的物品中追求自我成就感。有判断力的竞争的主旨已经被所有人的个性化的主旨所取代。同时,广告也由一个商业实践转变为一个消费

---

① Jean Baudrillard, *The System of Objects*, trans. James Benedict, London–New York: Verso, 1996, pp.182–183.

实践的理论和一个使整个社会的知识结构圆满完成的理论。这种理论的陈述将被发现于美国广告人的作品中。其论点简单:(1)消费社会在历史上第一次给个人提供完全解放和自我实现的可能;(2)朝着个体的和集体的自我表达的方向而超越纯粹的消费,消费体系组成了一种真正的语言和一种新的文化。于是,一个消费的'新人文主义'有效地反击了消费的'虚无主义'。"[①]由此可见,在鲍德里亚看来,除了竞争的意识形态以外,在消费社会中也存在着一种新的社会思潮和价值观念——自我完成的"哲学"。

这种"哲学"是一种消费的"新人文主义"。这种"哲学"的核心要义在于,每一个人进行消费活动的主要目的并非在于对物品的占有,而是追求自我实现。在鲍德里亚的理论语境中,这种自我实现主要指自由地享受生活的乐趣,而对生活的享受的一个重要表现是对于能够丰富自己生命和给自己生活带来乐趣的物品的消费。在消费社会中,进入消费领域的物品已经不再是原本意义上的物品,而在某种意义上已经变为一种符号。物品的价值也不再主要表现为使用功能价值,而主要表现为符号价值。因此,在消费社会中,对于物品的消费在某种意义上是一种对符号的消费。而在自我完成的"哲学"的指引下,人们在自由地享受生活乐趣的过程中,也会消费各种各样的物品。由此,在自我完成的"哲学"的指引下,人们会自由地进行大量的符号消费活动。消费活动是人的一个基本生存实践活动,因此进行符号消费或消费各种符号物品,在某种意义上意味着人的生存方式符号化。

此外,从另一个角度来分析和理解,自我完成的"哲学"与消费社会中的人的符号化生存方式有一定的关联。那就是,自我完成在某种意义上意味着一种自我价值的实现。在消费社会中,人的价值主要并非在于其本身的能力和素质,而体现于其消费的物品。也就是说,人的价值主要通过人消费的物

---

① Jean Baudrillard, *The System of Objects*, trans. James Benedict, London –New York: Verso, 1996, p.184.

品来衡量。对此,鲍德里亚指出:"你把自己扔掉的垃圾告诉我,我将把你的社会地位告诉你!"①鲍德里亚认为,人扔掉的垃圾在某种意义上是其社会地位的象征。垃圾是人消费的物品的残余,它们最初也是消费物品的一部分。从广义上说,垃圾也可以算作人的消费物品。因此,垃圾象征了人的社会地位,这在某种意义上也体现了消费物品是人的社会地位的象征。人的社会地位也是人的价值的体现之一。因此,这也说明消费物品体现了人的价值。基于此,在自我完成"哲学"的指引下,人们要实现自己的价值,就会消费不同的物品。在消费社会中,这些物品象征着人的社会地位,它们在某种意义上是符号,因此人们对于这些物品的消费也可以说是一种对符号的消费。消费正是人的基本生存实践之一,因此人对符号的消费活动也意味着人的生存方式符号化。总之,自我完成的"哲学"对处于消费社会中的人的符号化生存方式也具有重要的推动作用。

鲍德里亚关于自我完成的"哲学"的论述,与丹尼尔·贝尔关于资本主义文化矛盾的论述也有一定的共通之处。在丹尼尔·贝尔看来,当代资本主义社会可以划分为经济、政治和文化三个不相同并且不协调的领域。每个领域各自遵循与另外两个领域对立的核心原则:效益(经济领域)、平等(政治领域)、自我实现(文化领域)。上述这三大领域之间的冲突和对立,构成了当代资本主义社会内部的深刻矛盾,进而也会导致很多社会问题。尤其是经济领域和文化领域的对立,会在很大程度上推动消费社会以及其中人的符号化生存方式的形成。一方面,经济领域的效益原则能有效地指引和推动资本主义社会经济的发展,从而积累丰富的社会物质产品和服务,从而为整个社会消费的发展提供比较坚实的物质基础;另一方面,文化领域的自我实现原则会助长消费主义和享乐主义的社会风气,进而推动整个社会消费的发展以

---

① Jean Baudrillard, *The Consumer Society*, trans. George Ritzer, London: Sage Publications, 1998, p.42.

及人的符号消费的产生和发展，从而推动消费社会和人的符号化生存方式的形成。由此，这两者之间的对立在很大程度上会推动消费社会以及其中人的符号化生存方式的形成。

综上所述，在鲍德里亚看来，消费社会中人的符号化生存方式的形成与资本、技术和文化三个因素密切相关。首先，资本是人的符号化生存方式形成的根源。其具体表现主要在于以下四个方面：其一，人的符号化生存方式形成的重要前提："物"的丰盛。正是由于资本追求自身增殖的逻辑，在资本的运作下，资本主义社会才会出现生产相对过剩的状态。由此，整个社会的商品达到空前的、惊人的丰盛状态。在这种条件下，为了实现自身的增殖，资本通过广告等大众传媒诱导人们不断地进行消费，从而导致整个社会消费的不断增长。在这种不断增长的消费中，对于商品，人们也越来越看重其符号价值而非其使用价值。这样，人们在消费活动中会越来越被作为符号的商品支配和控制，从而形成一种符号化的生存方式。其二，人的符号化生存方式形成的重要动因：广告。广告能有效地激发人们的消费需求，诱导和促进人们的消费行为，从而有力地推动消费社会的形成。与此同时，广告遵循一种自主化媒介的逻辑对商品的有关信息进行编码，将商品的符号价值以及商品符号的差异性逻辑等信息在无形中传递或灌输给观众。在广告的诱导和刺激下，人们在消费过程中也更加看重商品的符号价值而非其使用价值。基于此，人们对商品的消费越来越变成一种对符号的消费。这样一来，人们的消费也越来越受到符号的支配和控制。进而，人们也逐渐陷入一种符号化的生存方式。广告之所以能成为消费社会以及人的符号化生存方式形成的重要动因，从根本上而言还是离不开资本的支持。其三，消费社会的主体是符号。对于消费社会而言，消费占据了其主导地位，而消费被符号支配和统治。由此，符号成为消费社会的主体，这是人的符号化生存方式的一个具体表征和直接原因。符号之所以能成为消费社会的主体，其根源是资本。由此推之,资本是人的符号化生存方式形成的根源。其四,人的符号化生存方式形成的主导逻辑是符号的差异性逻辑。符号的差异性逻辑的核心内容是符号的差异象征着人们社会地位的差别。高端的符号意味着优势的社会地位,低端的符号意味着弱势的社会地位。于是,为了维持或提升自己的社会地位,人们会源源不断地购买和消费高端的符号。而符号差异性逻辑是消费社会中的人的符号消费行为的一个主要的内在逻辑和动力机制。符号消费是人的符号化生存方式的一个主要表现。符号差异性逻辑产生和存在的根源还是资本逻辑。由此推之,资本也是人的符号化生存方式形成的根源。

其次,技术对于人的符号化生存方式形成也具有重要的推动作用。技术的推动作用可以从生产领域和消费领域等两个方面来分析。在生产领域中,技术的推动作用主要表现在以下四点:其一,生产领域的技术进步推动了消费物品的符号化。这为人的符号消费活动提供了物质基础,进而也为人的符号化生存方式的形成提供了物质基础。其二,生产领域的技术进步导致符号物品的差异更加细化。这为符号的差异性逻辑提供了物质基础和发展动力,也使符号的差异性逻辑能够更加有效地支配和控制人们的消费活动,从而推动人的符号消费活动的形成和发展,也推动人的符号化生存方式的形成。其三,生产技术的革新推动了符号物品的更新换代。这为人的符号消费活动的形成和发展提供了动力,进而也有力地推动了人的符号化生存方式的形成。其四,生产技术的缺陷加快符号物品的损坏和消耗。这为人的符号消费活动的发展提供了动力,进而也推动了人的符号化生存方式的形成。总体而言,生产领域的技术进步对于人的符号化生存方式的推动作用主要表现在,它为人的符号消费的形成和发展提供了物质基础和发展动力。在消费领域中,技术的推动作用主要表现在以下两点:其一,传媒技术引导和推动了人的符号消费活动的形成和发展;其二,先行消费的技术推动人的符号消费活动的形成和发展。总之,消费领域的技术革新对于人的符号化生存方式的推动作用主要表现在它推动了人的符号消费活动的形成和发展。

最后,文化对于人的符号化生存方式的形成也具有一定的推动作用。文化的推动作用主要表现在以下三点:其一,先行消费的伦理带动了人的符号消费活动;其二,竞争的意识形态促进了人的符号消费活动;其三,自我完成的"哲学"推动人的符号消费活动。消费活动是人的生存实践的一个基本组成部分,人的符号消费活动的形成意味着人的符号化生存方式的形成。基于此,既然上述三者推动了人的符号消费活动的形成和发展,那么它们也推动人的符号化生存方式的形成。总体而言,文化对于人的符号化生存方式形成的推动作用主要表现在,它推动了人的符号消费活动的形成和发展。

总之,在消费社会中,人的符号化生存方式的形成并非一个简单的社会演进过程所产生的结果,而是资本、技术、文化等众多因素的共同作用导致的一个客观结果。此外,人的符号化生存方式的形成也是各种主客观条件共同作用的一个客观结果。资本、技术、文化是推动人的符号化生存方式形成的三个客观条件,而人自身的思想观念是促进人的符号化生存方式形成的一个主观条件。正是由于资本、技术和文化等客观条件的作用和影响,再加上人在主观意识上将这些客观条件的作用和影响内化为自己的思想观念和行为习惯,从而导致人陷入一种符号化的生存方式。

此外,在对人的符号化生存方式进行批判的过程中,鲍德里亚也创立了自己独特的符号政治经济学。鲍德里亚的符号政治经济学与马克思的政治经济学之间也存在不容忽视的关系。首先,这两者的共同点主要包括如下两点:其一,两者都是立足资本主义社会的经济状况而创立;其二,两者都对资本逻辑进行了批判。其次,这两者之间的不同点主要包括如下三点:其一,两者的理论起点不同。马克思的政治经济学的理论起点是商品,鲍德里亚的符号政治经济学的理论起点是作为符号的商品或"物"。其二,两者创立的时期不同。马克思的政治经济学创立于早期资本主义社会,鲍德里亚的符号政治经济学创立于晚期资本主义社会。其三，两者对资本逻辑批判的侧重点不同。资本逻辑的核心要义在于资本不断地通过自身的流通运动来实现自身的增殖。在资本主义社会的经济运行过程中，资本的增殖往往是通过对生产者或消费者的剥削而实现的。对于资本逻辑，马克思侧重于批判资本在生产领域对进行物质生产的雇佣劳动者的剥削，鲍德里亚侧重于批判资本在消费领域对进行符号消费的所有消费者的剥削。也就是说，马克思侧重于批判的是以生产为中心的资本逻辑，鲍德里亚侧重批判以消费为中心的资本逻辑。

对于马克思的政治经济学，鲍德里亚也进行了批判。他认为，马克思的政治经济学主要关注和研究的是资本主义社会的生产问题，对消费社会中的浪费、奢侈、象征财富等诸多生存现象缺乏预见。因此，马克思的政治经济学是已经过时的"历史的欧几里得几何学"。鲍德里亚的符号政治经济学描述了消费社会的主要现象，揭露了资本在消费领域中的本性，彰显了资本文明在当代发展的内在机制。通过鲍德里亚的符号政治经济学，当代人可以更加全面、深入地了解资本的本性。不过，鲍德里亚对马克思的批判也需要从如下两个方面来进行理性的评估：

一方面，虽然马克思的政治经济学也曾多次提及消费对于生产的反作用，但是在马克思所处的早期资本主义社会中的消费还不如在晚期资本主义社会中的这么发达。在这样的社会历史条件下，消费问题没有成为马克思关注的中心问题也实属正常。鲍德里亚的符号政治经济学在一定程度上可以弥补马克思过去没有主要关注的消费问题。鲍德里亚的符号政治经济学为人们进入新的理论领域提供了思想"通行证"，也能够补充和扩展包括马克思在内的对于资本文明本性的研究，有助于全面地呈现资本文明的真相。

另一方面，马克思曾把资本时代的本质特征概括为"以物的依赖性为基础的人的独立性"，而"物的依赖关系"作为社会生活的基础，也就是"抽象统治"或"观念统治"在新时代的大行其道。鲍德里亚的符号政治经济学呼应了马克思的论断,而且提供了可信的佐证。然而鲍德里亚在对马克思的政治经济学进行批判时却对这一点缺少基本的关注和反思。如果说这不是他有意回避,那就是他对存在论的"弱视"。①也就是说,鲍德里亚对于马克思政治经济学的批判,具有严重的缺陷和局限。

---

① 参见陈立新:《鲍德里亚消费社会理论存在论上的启示》,《哲学动态》,2008 年第 1 期。

第四章　人的符号化生存方式之救赎

　　鲍德里亚认为，人的符号化生存方式不仅表现为人对物的生产活动和消费活动两个基本的生存实践被符号控制和支配，也表现为人在其社会功能定位上沦为"消费者"这种普遍的、同质的符号，人的身体也成为自己生产和消费的一种特殊符号。对于人而言，在其符号化生存方式中，符号渗透到其生存实践的各个方面，进而支配和控制了其全部生存实践，甚至也支配和控制了人自己。基于此，在鲍德里亚看来，人的符号化生存方式将人封闭于一个符号化的世界之中，使人丧失了自己的主体性和创造性，束缚了人的生存实践的持续健康发展。由此推之，人的符号化生存方式在人浑然不觉中对人实施了一种相对完美的犯罪。因此，它必须被救赎。

　　于是，在对消费社会中的人的符号化生存方式进行比较深入的批判后，鲍德里亚也对其救赎路径进行了思考和分析。他提出的一条救赎路径就是象征交换。不过象征交换也并非消费社会中的唯一交换形式，除了象征交换以外，其他的一些交换形式也存在于消费社会中，比如商品交换、符号交换。关于商品交换、符号交换和象征交换的问题，在鲍德里亚之前，外国哲学史上也有不少哲学家进行过研究，其中比较著名的有马克思、莫斯、巴塔耶、巴特和列斐伏尔等。鲍德里亚正是在吸收和借鉴他们有关思想资源的基础上形成了自己关于商品交换、符号交换、象征交换与消费社会的独特思想观点，并提出以象征交换作为处于消费社会中的人的符号化生存方式唯一可能的救赎路径。因此，有必要把鲍德里亚和他们关于商品交换、符号交换以及象征交换的思想进行对照分析，从而深化对于鲍德里亚有关思想的理解。鲍德里亚和他们关于商品交换、符号交换、象征交换与消费社会的思想观点主要包括以下三个方面：

第一节　商品交换与消费社会

在鲍德里亚之前，马克思对商品交换问题进行过比较深入透彻的研究，并且形成了对资本主义社会中的商品交换的一些深刻、系统的思想观点。马克思认为，交换并非专属于资本主义社会。早在资本主义社会诞生前，具体而言，在原始社会末期或奴隶社会早期，社会生产力水平的提升致使劳动产品有了一部分的剩余，简单的物物交换应运而生。在那个时期，这种物物交换尚未常态化，而且其目的在于取得物品的使用价值。然而随着资本主义社会的形成，物品交换的性质也发生了前所未有的巨大变化。由于资本逻辑是社会运行的主导逻辑，因此物品交换的目的已经不是单纯地满足人们对于使用价值的需要，而更多地、更加主要地是满足资本家对于交换价值或利润的需要。从根源上看，资本主义社会中的物品交换的目的是满足资本增殖的需要。在资本主义社会中，物品交换的性质变成了商品交换。对于商品而言，其二重性在于它具有价值和使用价值。其价值是它蕴含的一般人类劳动，其价值量取决于生产它的社会必要劳动时间，其使用价值是其价值的物质承担者，其交换要基于价值量来等价交换。马克思指出，商品经济的运行过程主要包括四个相互独立而又彼此衔接的基本环节：生产、分配、交换、消费。其中，商品交换与商品生产、分配和消费相互依存、密不可分。此外，在马克思看来，商品交换在资本主义社会中大行其道，其影响不仅仅限于经济领域，还渗透和扩展到社会生活的各方面。在他看来，"在资本主义社会中，无论活动采用的个人表现形式或其产品具有的特征，这种活动及其产品都是交换价值。活动和产品的普遍性交换已成为每个人生存的条件"①。也就是说，在资本主义社会中，商品交换已经渗透到人们日常社会生活的各方面，并且已经在某种程度上成为人们维持生存的一个基本条件。

在马克思的理论基础上，鲍德里亚也形成了自己关于商品交换的思想观点。在鲍德里亚看来，商品交换在消费社会依然大行其道。在《消费社会》的开篇处，他指出："今天，由倍增的物、服务和物质财富构成的奇妙而显著的消费和丰盛现象环绕在我们周围。"②由此可见，在他看来，消费社会的一个主要表征是丰盛的物和惊人的消费。在消费社会中，商品经济的运行过程主要包括四个相互独立而又彼此衔接的基本环节：生产、分配、交换、消费。消费之前的一个必要环节是交换。因此，既然消费社会的主要表征之一在于惊人的消费，那么商品交换也必然在消费社会中大行其道。这是因为，基于对商品经济运行过程的分析，商品交换在某种程度上是商品消费的一个必要前提。所以在惊人的消费之前，或者说与惊人的消费同时，也必然存在着持续不断的、规模惊人的商品交换。

此外，他对消费社会的"物"进行了一些比较明确的界定。他指出，"物既非动物也非植物"，"支配它的不是自然生态规律，而是交换价值规律"。③由此可见，鲍德里亚指称的消费社会中的"物"，并非自然物，而是人工物，并且制约这些"物"的规律是交换价值规律。也就是说，他指称的消费社会中的"物"

---

① 参见仰海峰：《符号之镜》，北京师范大学出版社，2018 年，第 61 页。

② Jean Baudrillard, *The Consumer Society*, trans. George Ritzer, London：Sage Publications, 1998, p.25.

③ Ibid., pp.25–26.

是商品。之所以如此,是因为只有商品才会受到交换价值规律的制约。既然鲍德里亚认为,消费社会的"物"是受到交换价值规律制约的商品,也就表明,他也认同在消费社会中存在着商品交换。这是因为,商品是用于商品交换的劳动产品。只有在商品交换中,商品才能确证自己的商品身份,从而真正成为商品。同样,也只有在商品交换中,才能显示出商品受到交换价值规律的制约。因此,在消费社会中,也必然存在着商品交换。

关于商品交换,鲍德里亚还结合消费社会中的时尚这种突出而普遍的现象进行了分析。他指出:"纵然时尚是一种魅力,它仍然是商品的魅力。"①在鲍德里亚看来,时尚的本质内容和核心要素还是在于商品。商品之所以成为商品,本质上还是因为它处于商品交换的过程中。就其本质而言,商品是用于商品交换的劳动产品。也就是说,如果一个社会中有商品的存在,就必然有商品交换的存在。基于此,鲍德里亚认为,消费社会中的时尚是商品,而时尚又具有比较鲜明的普遍性和流行性等特征,这意味着商品交换在消费社会中也比较普遍和流行。

在鲍德里亚看来,商品交换的逻辑主要是交换价值的经济逻辑。与这种交换的经济逻辑相对应的主要原则是等同性。这种等同性原则主要体现在商品的交换是基于其价值量来等价交换的。对于商品而言,其价值量取决于生产它的社会必要劳动时间。基于此,该社会必要劳动时间在一定程度上可以说是不同商品之间的等同性形成的基础。此外,等价交换体现了不同商品之间的等同性。这种等同性主要表现在不同的商品都可以与一般等价物交换。由此,以一般等价物为媒介,不同的商品也能实现相互交换。不过,不同的商品之所以能进行相互交换,基础还是在于它们都具有各自的价值和使用价值。对于商品而言,价值是它蕴含的一般人类劳动。基于此,对于不同的

---

① Jean Baudrillard, *The Symbolic Exchange and Death*, trans. Lain Hamilton Grant, London: Sage Publications, 1993, p.95.

商品而言,虽然其使用价值不尽相同,但是它们都具有价值,也就是都蕴含着一般人类劳动,而该人类劳动也体现了它们之间的某种等同性。另外,鲍德里亚也将交换价值的经济逻辑称作市场的逻辑。之所以如此,主要是因为商品交换的过程主要体现了市场对资源配置的调节。换言之,商品交换是市场经济运行过程中的一个环节。总之,在鲍德里亚看来,商品交换的逻辑主要就是交换价值的经济逻辑,而与这种逻辑对应的主要原则是等同性。

第二节　符号交换与消费社会

关于符号交换与消费社会的问题,在鲍德里亚之前,德波在对"景观社会"进行论述的过程中已经有所涉及,巴特和列斐伏尔进行了比较深入的研究。德波指出:"现代生产条件支配的社会的整个生活都宣称自己是景观的巨大积累。"①由此推之,德波认为,对于现代资本主义社会而言,在其发达生产力的推动下,其全部的社会生活已经呈现为巨大的景观。基于此,现代资本主义社会在某种意义上也变为景观社会。此外,德波指出:"景观是商品达到对社会全面占领的时刻。"②由此可见,在德波看来,就其本质而言,景观是社会被商品全面控制的新阶段。基于此,景观社会也可以说是商品社会的完成形态。这一点在某种程度上也体现了景观社会与商品社会之间的一种关联。与此同时,德波也认为,这两者之间的差异也是显而易见的。在商品社会中,取得使用价值依然是商品交换的重要目的之一。然而在景观社会中,"使用价值走向了衰落"③。也就是说在景观社会中,商品交换的主要目的不再是取得其使用价值。这是因为在景观社会中,凭借对使用价值的全面控制,交

---

① Guy Debord, *Society of the Spectacle*, trans. Ken Knabb, London: Aldgate Press, 2005, p.1.

② Ibid., p.17.

③ Ibid., p.20.

换价值创造了自己运行的条件。①此外,在商品社会中,使用价值和交换价值是商品分解成的两个要素;而在景观社会中,现实和意象是商品分解成的两个部分。②

另外,德波认为,景观社会指的是意象中介了人们之间的社会关系。由此推之,景观社会是人们之间的一切社会关系都受到"景观"的意象统治的社会。消费活动就是人们之间社会关系的一个重要环节。因此也可以说,人们的消费活动也受到了"景观"的意象的统治。德波还指出:"景观的语言由统治生产的符号组成。"③由此可见,景观的语言是一种统治性的符号,景观通过这种统治性的符号对社会发生作用。景观又是如何通过这种统治性的符号对社会发生作用的呢? 在此,不得不提及大众传媒的作用。在德波看来,使景观发挥作用的正是大众传媒。对此,贝斯特指出,景观社会立足大众传媒社会的基础上。④也就是说,景观对于整个社会的统治,是以大众传媒为中介工具而实现的。具体而言,大众传媒生产和传播了商品的符号(景观的符号),从而使人们在其思想意识中生成商品的"意象"(景观的"意象"),进而人们才会购买和消费商品。关于这一点,德波也指出:"景观的代理人被当作明星搬上舞台……消费的明星也是不同类型的人格之外部表现,它展示出这些类型中的每一个都可以平等地到达消费的总体并且从中找到相似的幸福。"⑤由此可见,作为一种消费明星,景观的代理人能诱导人们的消费行为。这种消费明星在某种意义上相当于一种景观的意象符号,它以无声的方式"说服"或诱导人们参照自己来进行消费行为。因此,也可以说"景观"的意象符号诱导了消费行为。他对"可消费的伪循环时间"的论述也佐证了上述这

---

①② 参见仰海峰:《符号之镜》,北京师范大学出版社,2018 年,第 66 页。

③ Guy Debord, *Society of the Spectacle*, trans. Ken Knabb, London: Aldgate Press, 2005, p.3.

④ 参见仰海峰:《符号之镜》,北京师范大学出版社,2018 年,第 67 页。

⑤ Guy Debord, *Society of the Spectacle*, trans. Ken Knabb, London: Aldgate Press, 2005, p.27.

一点。他指出：“现代经济的存活之伪循环时间是消费的时间”①，“可消费的伪循环时间是景观的时间，它在狭义上是图像消费的时间，在广义上是时间消费的图像。图像消费的时间……不可分离的是景观工具完全运转于其中的领域，也是在全球范围内表现为所有特别消费的地点和中心方面的景观工具之目的”②。由此可见，人们对于伪循环时间的消费，也受到景观工具的影响。景观工具制造出来的图像等意象符号诱导和控制了人们的时间消费活动，使人们无意识地在“景观”意象符号的引领下消费自己的时间。德波认为，景观是一种关于自我与世界关系以及个人命运的伪答案，“对商品的认可和消费位于这个伪答案的中心”③。由此可见，景观以对商品的认可和消费为中心，这也内在地隐含着“景观”的意象符号具有诱导消费的作用。

总之，在德波看来，在景观社会中，获得使用价值已经不是商品交换的主要目的了，交换价值成为交换的缘由。在大众传媒的作用下，交换价值被传媒生成的意象所吸收。因为这样，消费变为意象消费的过程。④也就是说，大众传媒产生的“景观”意象符号诱导和统治了人们的消费活动。另外，在景观社会中，商品经济的运行过程还是由生产、分配、交换、消费四个主要环节构成，它们彼此衔接、互相依存、密不可分。它们对于景观社会中商品经济的正常运行和持续发展都是不可或缺的。基于此，既然“景观”意象符号诱导和统治了人们的消费行为，那么这种符号也必然会影响整个社会的商品交换，进而在“景观”意象符号的影响下，整个社会的商品交换也会在某种意义上变为一种符号交换。换言之，真正支配和左右商品交换的是“景观”意象符号。在商品交换中，人们真正交换的是“景观”的意象符号。由此可见，符号交换这种现象已经出现在景观社会中。景观社会与消费社会指称的都是晚期

---

① Guy Debord, *Society of the Spectacle*, trans. Ken Knabb, London: Aldgate Press, 2005, p.77.

② Ibid., p.78.

③ ［法］居伊·德波：《景观社会》，张新木译，南京大学出版社，2017年，第138页。

④ 参见仰海峰：《符号之镜》，北京师范大学出版社，2018年，第72~73页。

资本主义社会。或者说,景观社会是消费社会的前身或同类。因此,在景观社会中存在符号交换在某种意义上意味着在消费社会中也会存在符号交换。

巴特对于符号交换的思想主要体现在他对流行体系问题的探讨和思考中。在《流行体系:符号学与服饰符码》中,他指出:"流行体系的最深层功能也许是意义否定实体抽象的内部价值。"[1]由此可见,他认为,流行体系的主要功能在于通过传播和凸显物的意义而否定其内部价值。意义更多地是对于符号而言的。因此,在流行体系中,物在很大程度上已经变为一种符号,其得到人们重视的主要价值在于其意义。基于此,人们在流行体系中对物的消费在很大程度上是对其意义或符号价值的消费。此外,他指出,激发欲望的是名而非物,出售的是意义而非梦想。[2]由此推之,在流行体系中,真正能激发人们购买和消费欲望的不是物本身,而是物的意义。意义主要表现为符号的一种价值和功能。在某种程度上,流行体系中的物已经变成了一种符号。因此,人们在流行体系之意象系统的驱使下购买和消费物品,实际上消费的并不是物品本身(物品的使用价值),而是物的意义。在现代社会商品经济运行的过程中,与消费相连的前一个环节是商品交换。人们在流行体系之意象系统的驱使下对物的意义的消费活动,也意味着人们对物的符号价值的消费活动。换言之,人们进行的消费是一种对符号的消费。基于此,在作为与消费相衔接的前一个环节的商品交换中,人们相互交换的也是符号。因此,在流行体系之意象系统的驱使下,商品交换也变成了一种符号交换。流行体系是晚期资本主义社会中的一个重要现象。消费社会也是鲍德里亚对晚期资本主义社会的一个独特指称。由此推之,在消费社会中也存在着流行体系,进而在消费社会中也会存在流行体系之意象系统催生的符号交换。

---

① 参见[法]罗兰·巴特:《流行体系:符号学与服饰符码》,敖军译,上海人民出版社,2000年,第311页。

② 同上,前言第4页。

　　列斐伏尔认为:"在20世纪,技术客体以史无前例的速度渗透到人们的日常生活中。新商品和大众传媒在人们作出最重大选择的日常生活私人领域中保持人们的消极性,让他们安分守己,遵守规矩;汽车使生活私人化,电视、广播和报纸使群众镇定,而新商品连接加剧异化的整个意义结构,这与马克思从商品生产到商品流通中揭示拜物教的情形已然有很大差异。"①由此可见,在列斐伏尔看来,20世纪的拜物教已经不同于马克思批判的商品拜物教。这个世纪的商品在某种程度上也不是纯粹的商品,而是一些带有特殊意义的符号。人们崇拜商品,不是因为其价值和使用价值,而是因为其意义。因而在列斐伏尔看来,马克思批判的商品拜物教已经不足以界定和概括上述这种拜物教现象。在某种意义上,这种拜物教也许可以被称作符号拜物教。列斐伏尔还指出:"在现代世界的日常生活中,就其本质而言,消费品是一些含有意义的符号。日常生活的符号学领域将消费者归为消极性。有组织的大众传媒消除了听众的独立性和判断。如此一来,在主体与客体的相互作用中,客体成了能动的,而主体成为消极的。"②由此推之,列斐伏尔认为,现代社会中的消费品在某种程度上是一些具有自身特殊意义的符号。对于作为消费者的人们而言,此处的消费品并不是他们自己生产出来供自己消费的,而是通过在市场上购买得来的。换言之,这些消费品是人们通过商品交换而得来的。因此,消费品在其本质上还是一种商品。人们购买消费品的目的,也不再是简单地获取其使用价值,而更多地是获取其作为一种符号的意义,亦即获取消费品的符号价值。因此,人们购买消费品的过程,在某种意义上是一种符号交换的过程。

　　列斐伏尔还指出,在消费主义大行其道的现代社会中,随着大众传媒的扩散,处在信号形式中的影像抚慰了消费者。社会世界被片断化为过量的符

---

　　①② 参见徐崇温:《"西方马克思主义"》,天津人民出版社,1982年,第406页。

号学体系。[①]由此推之,列斐伏尔认为,现代社会中的大众传媒也是符号的传播工具,它们传播的不仅是信息,更加主要的是具有意义的符号。这些符号的作用是引导和诱惑消费者,使他们购买和消费这些符号指称或对应的商品。商品本身在某种程度上也是一种具有意义的符号。因此,人们购买商品的过程在某种意义上也可以被看作一种符号交换的过程。人们通过出让货币等一般等价物交换而得来的,不仅是商品的使用价值,更多的是商品作为一种符号的意义,也可以说是商品的符号价值。总之,在现代社会中,由于消费品这种商品在某种程度上已经变为一种符号,其价值不仅在于其使用价值,更在于其作为一种符号的意义和价值。换言之,在消费主义大行其道的现代社会中,供人们消费的商品的符号价值已经凸显。正是因为这样,人们购买商品的过程在某种程度上也变为一种符号交换的过程。

由于受到德波、巴特、列斐伏尔的有关思想观点的影响,鲍德里亚也将符号学等理论纳入对消费社会的批判。鲍德里亚指出:"现在,我们已经看到当代物品的一个'真相':它不再因某个事物而被使用,而是被用于象征。它不再被当作器具而是被当作符号来操作。"[②]在鲍德里亚的理论语境中,"当代"是他指称的消费社会。基于此,在他看来,消费社会中的物品在某种意义上已经变为符号。鲍德里亚指称的物品主要指受到交换价值规律制约的商品。由此推之,他认为,对处于消费社会之中的商品而言,它们在某种意义上已经变成了符号。此外,在鲍德里亚看来,消费社会的一个重要表征和主要交换形式是符号交换。他指出:"形式商品变为形式符号以及遵循一般等价规律的物质产品交换的抽象化变为遵循代码规律的交换的操作化。有了这些通向符号政治经济学的转变,这种转变就不是所有价值的简单'商业卖

---

① 参见徐崇温:《"西方马克思主义"》,天津人民出版社,1982 年,第 407 页。

② Jean Baudrillard, *The Consumer Society*, trans. George Ritzer, London: Sage Publications, 1998, p.118.

淫'这一问题……而是所有价值都变为在代码霸权下的符号交换价值这一问题。"①基于此,在他看来,对消费社会中的商品而言,其价值主要在于其符号交换价值而非其价值和使用价值。在消费社会中,商品在某种意义上已经变成了一种符号。与此同时,纯粹意义上的商品交换也已经不存在了,取而代之的是符号交换,商品交换的一般等价规律也被符号交换的符码规律取代。由此可见,鲍德里亚认为,符号交换已经成为消费社会中的一种主要交换形式。

此外,鲍德里亚还从符号学的角度对消费的内涵进行了新的阐述。他指出:"消费行为绝不简单地是购买,它也是花费。也就是说,它是财富的显示,显示了财富的毁灭。正是这种在超出交换价值的层面被利用并且在财富毁灭的基础上建立的价值,用差异性符号 / 价值来投资购买、取得、分配的物。并不是像在等价的经济逻辑中那样由货币的数量呈现价值,而是货币依据某种差异或挑战的逻辑被花费、被牺牲、被吃尽的过程说明价值。因此,每个购买行为都同时是经济行为和生产差别性符号价值的经济转换行为。"②由此推之,鲍德里亚认为,消费绝不简单地是交换价值同使用价值互换的购买。与此同时,它是对财富的显示。不过,这种财富的显示就是通过其消耗来体现的。通过这种财富的消耗,在使用价值与交换价值相互转换的层面外,购买行为也被赋予了一种差异性的符号价值。由此,在购买行为中,货币的价值不仅由其数量决定,也由其依据某种差异性逻辑被花费的过程而言明。也就是说,在购买行为中,货币的价值也体现为一种差异性的符号价值。而不论是购买行为还是购买行为中花费的货币,它们的符号价值主要在于它们是人们社会地位的象征。总之,购买行为不仅是交换价值同使用价值互换

---

① Jean Baudrillard, *The Mirror of Production*, trans. Mark Poster, ST.Louis:Telos Press, 1975, p.121.

② Jean Baudrillard, *For a Critique of the Political Economy of the Sign*, trans. Charles Levin, St. Louis:Telos Press, 1981, pp.112–113.

的商品交换行为,也是生产和交换差别性符号价值的符号交换行为。

另外,鲍德里亚也从符号学的角度提出自己关于消费的新定义。他指出:"如果消费要有任何含义,那么它意味着一种系统地操作符号的活动。"①也就是说,在他看来,消费是一种符号的系统化操控行为。此外,他明确指出:"物品要成为消费的对象,首先必须成为符号。"②"在物品的客观功能领域(在该领域中,物品是不可代替的)和其外延领域外,也就是呈现其符号价值的内涵领域中,它就可以被或多或少无限地替换。"③由此可见,鲍德里亚认为,消费的对象不再是物品的使用价值或客观功能,而是物品所指涉的符号。当然,这些符号并不是一些抽象、空洞的符号,而是以实际的物品为载体的、作为一种特殊商品的符号。而在资本主义经济的运行过程中,生产、分配、交换、消费四个环节相互衔接、互相依存。因此,既然消费的对象是符号,那么在消费前一定有符号的交换。由此推之,在鲍德里亚看来,对于消费社会而言,符号交换是存在于其内部的一种普遍的社会现象。

此外,他认为在消费社会中,"物远不只具有作为一种实用对象的主要地位,这种地位随后会决定一种符号的社会价值,这种社会价值是最根本的符号交换价值——使用价值经常只是对物的操持的保证"④。由此推之,他认为对消费社会中的"物"而言,其价值不仅在于其实用性的使用价值,更重要、更根本的在于其作为一种符号的交换价值。由此可见,鲍德里亚在此处指称的"物"是商品。在消费社会中,商品的价值并不仅在于其使用价值,更重要、更根本的在于其作为一种符号的交换价值。商品作为一种符号的交换

---

①② Jean Baudrillard, *The System of Objects*, trans. James Benedict, London–New York: Verso, 1996, p.200.

③ Jean Baudrillard, *The Consumer Society*, trans. George Ritzer, London: Sage Publications, 1998, pp.76–77.

④ Jean Baudrillard, *For a Critique of the Political Economy of the Sign*, trans. Charles Levin, St. Louis: Telos Press, 1981, p.29.

价值只有在交换中才能体现出来。由此推之,在消费社会中,商品交换在某种程度上成为一种符号交换。在消费社会的商品交换中,被交换的不仅是商品作为一种实物的使用价值,更加重要的还有它们作为一种符号的交换价值。因此,被掩盖在商品交换表象下的符号交换,在某种程度上也成为在消费社会中潜在、隐性地发挥重要作用的一种交换形式。

此外,鲍德里亚指出,在消费社会中,人们的整个社会生活都被消费主宰。消费的主体是符号的秩序,消费的逻辑是符号的差异性逻辑。基于此,每个消费者都具有一种符号逻辑的功能。因此在消费商品时,人们不仅消费它们作为物体的物理和化学属性决定的实用性本质功能或使用价值,而且更加主要消费它们作为符号的价值和意义。在消费社会的商品经济运行过程中,与消费相互衔接和依存消费的前一个环节是商品交换。只有经过商品交换,商品才能被人们获取,进而被人们消费。对于商品而言,人们消费的主要是它们作为符号的价值而非其使用价值。基于此,被消费的商品在某种意义上已经成为一种符号。因此在消费社会中,对于商品交换的过程而言,它不再简单地是兼具价值和使用价值的商品与货币或其他等价物相互交换的过程,更加可以被看作一种符号交换的过程。具体而言,它是商品这种符号与货币这种符号的交换过程。

鲍德里亚甚至还明确指出:“消费是交换。”①在他看来,作为一种交换的消费就像以语言为工具的交流。对此,他指出:“语言不能被个体需要说话的假定所解释。甚至在这个问题被放下之前,语言就简单地存在着。它不是一个绝对的、自动的体系,而是一个与意义相伴而生的交换的结构,在它上面表达着的是个人的言语意图。相似地,消费并非产生于消费者的客观需要或主体对物的最终意图:相反,差异的材料(表示意义和不可分割的价值的代

---

① Jean Baudrillard, *For a Critique of the Political Economy of the Sign*, trans. Charles Levin, St. Louis: Telos Press, 1981, p.75.

码)的社会性生产存在于交换的系统中。商品功用性和个体需要只是追随、适应这种基本结构机制,并且将它合理化,又以同样的方式抑制了它。"①基于此,鲍德里亚认为,消费这种交换的产生并非源于人们的客观需要,而是源于人们对表示商品意义和符号价值差异的代码这一基本结构机制的追随和适应。基于此,对在消费过程中的人们而言,他们看重的是商品作为一种符号的差异性价值。处于消费过程中的商品在某种意义上是一种符号。由此推之,消费在某种意义上是一种符号交换。消费的不断增长是消费社会的一个重要表征,这意味着符号交换在某种意义上也已经成为消费社会中的一种客观存在的重要交换形式。

关于符号交换遵循的规律和机制,鲍德里亚明确指出:"在我们自己的社会中,在一般等价物制度下,符号被交换。"②由此可见他认为,符号交换的现象确实存在于消费社会中。与此同时,在他看来,符号交换要符合"一般等价物的制度"。这种制度是商品交换的制度——商品的价值规律。也就是说,鲍德里亚认为,消费社会中的符号交换并未突破商品交换的逻辑和规律,在某种意义上也可以被看作商品交换在消费社会中的一种新表现形式。换言之,对于符号交换而言,它的实质内容还是在于商品交换,它也必须遵循商品交换的规律和机制。

鲍德里亚指出,符号交换的逻辑主要在于一种差异性的生产或差异性的逻辑。在他看来,对于个体而言,在自己的生存有保证之前,就已经体验到了一种巨大的压力,那就是"让自己在一个交换和关系的系统中具有意义"③。也

---

① Jean Baudrillard, *For a Critique of the Political Economy of the Sign*, trans. Charles Levin, St. Louis: Telos Press, 1981, p.75.

② Jean Baudrillard, *The Symbolic Exchange and Death*, trans. Lain Hamilton Grant, London: Sage Publications, 1993, p.107.

③ Jean Baudrillard, *For a Critique of the Political Economy of the Sign*, trans. Charles Levin, St. Louis: Telos Press, 1981, p.74.

就是说,在基本的生存活动得到保障之前,个体都不可避免地面临一种无形的巨大压力,那就是在一个交换和关系的体系中创造和生成自己存在的意义。同时,在他看来,"在某种意义上,个体是不存在的。无论如何,某种确定的语言总是优先于个体。这种语言是一种社会形式。与之相关,说个体不存在是恰当的,因为它是一种交换结构。该结构在两个并列的层面上发展成一个差异性逻辑:1.在交换的意义上,它将人们区分为合作者而非个体,但是合作者也仍然是不同的,并且他们的关系受到交换规则的约束。2.它将交换的材料转变为有区别的、有意义的元素。语言交往就是这样。它也适用于商品和产品。消费是交换……"①由此可见,鲍德里亚认为,语言交往也是一种交换体系或社会形式。在某种意义上,个体存在的意义是在语言交往中获得的。语言交往的逻辑是一种语言符号交换的差异性逻辑。因此,个体获得其存在意义的主导逻辑是一种差异性的逻辑,个体存在的意义主要就在于一种与其他个体不同的特殊价值和意义。简而言之,个体存在的意义主要在于其差异性。

此外,语言交往的这种差异性逻辑同样适用于商品和产品。这意味着,商品交换的逻辑主要也在于一种差异性逻辑。在这种差异性逻辑的主导下,商品交换并非围绕商品的纯粹使用价值和经济交换价值而展开的,而主要是围绕商品的符号价值和象征意义展开的。因此,这种在差异性逻辑主导下的商品交换,其实质变为一种符号交换。由此推之,符号交换的逻辑在于一种差异性的逻辑,支撑符号交换持续进行的主要逻辑是符号/价值的差异性逻辑。符号/价值的差异性逻辑主要对应的原则是差异性。符号的价值主要在于它们是人们的社会地位的象征,或者说,它们象征人们的社会地位,不同的符号象征着人们不同的社会地位。高端的符号象征着显赫的社会地位,

---

① Jean Baudrillard, *For a Critique of the Political Economy of the Sign*, trans. Charles Levin, St. Louis: Telos Press, 1981, p.75.

低端的符号象征着普通的社会地位。这也就是符号差异性逻辑的主要内容。在这种差异性逻辑的驱使下，人们购买和消费不同符号的目的在于提升自己的社会地位，或保持自己显赫的社会地位。由此，从某种意义上而言，符号交换的逻辑在某种程度上也是一种地位的逻辑。另外，符号交换的符号/价值的差异性逻辑也体现为人们购买和消费符号在一定程度上也是为了满足自己的个性化消费需求。个性化往往体现的和注重的是一个人相对于他人的差异性。因此，人们关注的主要是符号的差异性。也就是说，人们购买和消费符号的主要目的在于通过占有和消费符号让自己与其他人区别开来。也就是说，通过购买和消费符号是为了获得一种相对于他人的差异性。正是因为符号/价值的差异性使符号对人具有极强的吸引力，人们才会不断地购买和消费符号。那么在消费社会中，符号交换的逻辑是如何产生和运行的呢？从根源上看，人们购买和消费不同符号，是为了满足自己对于更好的社会地位的需要。因此，符号交换的逻辑存在的根本基础是人们在思想观念中对于社会地位的需要。

另外，鲍德里亚指出，在消费社会中，地位是一种普遍的符码。这种普遍的符码支配了人们的交换行为。由此可见，符号交换的核心内容在于社会地位。

综上所述，在鲍德里亚看来，符号交换是消费社会中的一种发挥重要作用的交换形式。符号交换的逻辑主要在于符号/价值的差异性逻辑，与这一逻辑对应的主要原则是差异性。不过与此同时，他指出，符号交换也要遵循商品交换的规律和机制——商品的价值规律。那么符号交换需要遵循的符号的差异性逻辑和商品的价值规律之间是否存在冲突呢？在鲍德里亚的理论逻辑中，这两者之间应该是不存在冲突的。其原因在于：符号的差异性逻辑侧重的是符号的社会价值，这种社会价值在于符号是人们社会地位的一种象征；商品的价值规律侧重的是符号的交换价值，这种交换价值也就是作为商品的符号在商品交换中被货币或其他商品表现出来的价值，即作为商品的符号在商品交换中体现出来的价值。作为符号交换的主要逻辑,符号的差异性逻辑有效地诱导和激发了人们对于符号的占有和消费需要,进而导致人们不断地购买和消费符号。在被人们购买的过程中,符号在其本质上也是一种商品。人们购买符号的过程是作为一种商品的符号被交换的过程。换言之,人们对符号的购买过程在某种意义上是一种以符号为交换对象的特殊商品交换。既然人们对符号的购买过程在某种意义上也是商品交换,那么这种过程也必然要遵循商品交换的规律和机制——商品的价值规律。从另一个角度看,人们购买符号的过程也是一种符号交换。只不过在这个交换中,符号是作为一种特殊的商品在场的。基于此,符号交换在某种意义上也是一种特殊的商品交换,进而它必须遵循商品交换的规律和机制——商品的价值规律。

总之,在鲍德里亚的理论逻辑中,符号的差异性逻辑揭示了人们进行符号交换的内在动力和主要目的,而商品交换的规律和机制——商品的价值规律构成了人们进行符号交换必须遵循的经济规律和行为规则。正是符号的差异性逻辑激发人们产生对于符号的占有和消费需要,进而使人们进行购买符号的过程。人们对符号的购买过程是符号交换的过程,而符号交换的过程,也是以符号这种特殊商品为对象的商品交换过程,因而也必须遵循商品交换的规律和机制——商品的价值规律。在鲍德里亚看来,符号的差异性逻辑和商品的价值规律这两者之间并行不悖、相辅相成,共同揭示了符号交换在消费社会中存在和运行的内在逻辑。

第三节　象征交换与消费社会

在鲍德里亚之前,莫斯和巴塔耶各自从不同的角度对象征交换问题进行过思考和研究。在《礼物》一书中,莫斯主要对美洲西北部印第安人原始部落的经济活动进行了分析,从而形成了自己独特的象征交换思想。在莫斯看来,这些原始部落的夸富宴是一种象征交换的具体形式。此外,莫斯认为,比夸富宴更加古老的一种交换形式——赠礼与回礼也是一种象征交换的具体形式。这种夸富宴或者赠礼与回礼之所以被莫斯看作象征交换的具体形式,其主要原因在于:它们都具有非经济理性、可逆性等特征。在《被诅咒的部分》一书中,巴塔耶通过对"耗费"这一概念的分析,也形成了自己关于象征交换的独特思想观点。在巴塔耶看来,非生产性的耗费是一种象征交换的具体形式。非生产性的耗费之所以被巴塔耶看作象征交换的具体形式,其主要原因在于:非生产性的耗费也具有非经济理性的特征。虽然莫斯和巴塔耶的上述思想在主要内容和理论旨趣上有所不同,但是他们的这些思想在某种意义上都属于象征交换思想,并且都对鲍德里亚关于象征交换的思想观点的形成具有一定的启发和借鉴意义。由于直接受到莫斯和巴塔耶有关思想观点的影响和启发,鲍德里亚形成了自己独特的象征交换与消费社会的思想观点。其具体内容包括以下三个方面:

一、象征交换的具体内涵和主要特征

在鲍德里亚看来,象征交换的具体内涵在于它是一种消解了真实与想象对立的、超越了价值规律的、表征现代社会构成之毁灭与死亡的一种特殊交换形式。他认为,象征交换的具体特征主要包括以下六个:

(一)可逆性

在《礼物》一书中,莫斯分析了一种原始部落的特殊礼物交换制度——夸富宴。在他看来,夸富宴主要包括给予、接受和回报三种义务。首先,夸富宴的本质在于给予的义务。[①]其次,人们没有拒绝接受礼物或拒绝参加夸富

---

① 参见[法]马塞尔·莫斯:《礼物》,汲喆译,商务印书馆,2006 年,第 62 页。

宴的权利。①也就是说,夸富宴的重要部分也在于接受的义务。最后,除去纯粹的毁物情况,夸富宴的根本在于回报的义务。②正是由于这三种义务相互衔接、相辅相成,共同构成了夸富宴这种"竞技式的总体呈现",才使夸富宴可以无休止地进行。莫斯指出,在这些原始部落中还存在着一种比夸富宴更加具有一般性的交换的古代形式:赠礼与回礼。无论是夸富宴还是比它更多地具有一般性的古代交换形式——赠礼与回礼,都可以被看作一种象征交换的形式。它们也具有一个鲜明的共同特征——可逆性。

　　莫斯关于原始部落的交换制度和交换形式的思想观点被鲍德里亚吸纳。鲍德里亚认为,可逆性是象征交换的一个突出特征。关于这一点,他指出:"在反礼物中的礼物的可逆性,在牺牲中的交换的可逆性,在周期中的时间的可逆性,在破坏中的生产的可逆性,在死亡中的生命的可逆性以及易位书写中的语言的每个术语和价值的可逆性。在每一个领域,它都是以灭绝和死亡的形式出现的,因为它是象征本身的形式。"③他明确指出,"象征要求细致的可逆性终止每一个术语"④,"象征的'动词'假设一个可逆性,一个无限期的周期性过渡"⑤。由此可见,他认为,象征交换的一个重要特征是可逆性。除此之外,他认为,象征交换的逻辑也可以被称作礼物的逻辑。礼物的一个主要特征在于它具有可逆性。所谓"礼尚往来",礼物只有在持续不断的赠送与回报中才会成为真正意义上的礼物。基于此,象征交换的逻辑也被鲍德里亚称作礼物的逻辑。由此推之,他认为象征交换具有可逆性的特征。这种可逆性主要表现为象征交换的过程是可逆的。在这个过程中,施赠方和受赠

---

① 参见[法]马塞尔·莫斯:《礼物》,汲喆译,商务印书馆,2006年,第66~67页。

② 同上,第68页。

③ Jean Baudrillard, *The Symbolic Exchange and Death*, trans. Lain Hamilton Grant, London: Sage Publications, 1993, Preface, p.2.

④ Ibid., Preface, p5.

⑤ Jean Baudrillard, *The Symbolic Exchange and Death*, trans. Lain Hamilton Grant, London: Sage Publications, 1993, p.139.

方、赠礼和回礼也是可以相互转换的。

(二)非现实性

在鲍德里亚看来,象征交换的另一个鲜明特征在于非现实性。关于这一点,他指出:"象征既不是一个概念、一个机构、一个类别,也不是一个'结构',而是一种交换行为和一种社会关系,它结束了真实,分解了真实,同时也结束了真实和想象之间的对立。"①此外,他还指出:"象征是结束此分离代码和单独术语的原因。它是终结了灵魂与身体、人与自然、真实与非真实、生与死的拓扑结构的乌托邦。在象征性操作中,这两个术语失去了现实性。现实原则从来都只不过是另一个术语的想象。"②由此推之,鲍德里亚认为,象征是一种特殊的交换行为和社会关系,它结束和分解了真实,并且也结束了真实与想象的对立。基于此,非现实性也是象征交换的一个鲜明特征。

然而在鲍德里亚的理论语境中,象征交换的非现实性并非指它是一种在思想或心理层面的交换。此外,它与文学领域中的心里移情等手法截然不同,也并不与心理学领域的暗示等心理活动相关。他在《生产之镜》中对这一点特别作了说明。他指出:"绝对不能将象征与心理混淆。象征建立了一种交换关系,在这种交换关系中,各个位置无法实现自主化:生产者及其产品;生产者和使用者;生产者及其'具体'本质,其劳动力;使用者及其'具体'本质,其需求;产品及其'具体'的最终结果,其效用。在心理学和政治经济学中显而易见的所有这些区别,都被象征关系所排除。"③由此可见,在鲍德里亚看来,象征交换与人内心的思维、情绪、情感活动无关,自然也就与文学上的心里"移情"无关。与此同时,象征交换与心理学无关。因此,它也就与心理学领域的暗示等心理活动无关。他之所以强调象征交换的非现实性,主要用意在于突出它

---

① ② Jean Baudrillard, *The Symbolic Exchange and Death*, trans. Lain Hamilton Grant, London: Sage Publications, 1993, p.133.

③ Jean Baudrillard, *The Mirror of Production*, trans. Mark Poster, ST.Louis: Telos Press, 1975, pp. 102–103.

结束和分解真实,进而结束真实与想象对立的这一特征。

(三)非经济理性

在《符号政治经济学批判》中,鲍德里亚指出,象征交换的材料并不依赖经济交换。因此,它们也不作为商品和交换价值而顺从于系统化。[①]基于此,他认为,象征交换的材料并不受到商品交换价值规律的制约。由此推之,在他看来,象征交换是一种不同于商品交换的特殊交换形式。商品交换的价值规律在其本质上就体现了一种经济理性的特征。由此推之,非经济理性也是象征交换具备的一个主要特征。此外,他认为,对于象征交换而言,礼物是离我们最近的例子。[②]事实上,这一点在某种程度上是受到了法国著名人类学家和社会学家莫斯的影响。在莫斯看来,西北美洲众多原始部落的礼物交换制度体现了一种不同于资本主义商品交换逻辑的特殊逻辑,这种特殊的逻辑是象征交换的逻辑。资本主义商品交换的逻辑主要具有经济理性的特征。经济理性主要表现为关注商品的成本,注重通过商品交换而获得利润。与之相反,非经济理性主要表现为并不关注产品的成本,也并不注重通过产品交换而获得利润。在象征交换中,产品的成本和交换的利润并非参与交换的双方所在意的事情。因此,象征交换的逻辑是一种非经济理性的,象征交换具有非经济理性的特征。关于这一点,也可以从鲍德里亚认为象征交换的逻辑可以被看作礼物的逻辑来认识和分析。在赠送和回赠礼物时,人们往往并不会认真考虑自己及对方所赠礼物的经济价值。人们并不会注重礼物交换的成本,也不会在意通过礼物交换而获得利润。简而言之,在礼物交换的过程中,人们不会精确地计算礼物交换的成本和收益。也就是说,礼物交换的过程具有非经济理性。礼物交换可以被看作象征交换的一种具体形式,进而由

---

① See Jean Baudrillard, *For a Critique of the Political Economy of the Sign*, trans. Charles Levin, St.Louis: Telos Press, 1981, pp.64–65.

② Ibid., p.64.

此推之,象征交换也具有非经济理性。

(四)互惠性

在《礼物》中,莫斯分析了一种原始部落的特殊礼物交换制度——夸富宴。他指出,夸富宴主要包括给予、接受和回报三种义务。[①]他还指出,在这些原始部落中,还存在一种比夸富宴更具一般性的交换的古代形式:赠礼与回礼。[②]由此可见,不论是莫斯所说的夸富宴还是比它更具一般性的交换的古代形式都具有一个明显的特征,即互惠性。这种互惠性主要表现在:在夸富宴中,双方可以通过给予与回报来使彼此都获得利益。在夸富宴中,给予的一方获得了荣誉和地位(富有和慷慨),而接受的一方则获得了实实在在的财富和利益。而后,通过回报这个环节,之前给予的一方也获得了实实在在的财富和利益,而原本接受的一方也获得了荣誉和地位(感恩和诚信)。[③]另外,在比夸富宴更加具有一般性的交换的古代形式中,通过赠礼与回礼这两种相互联系、相互统一并且循环往复的环节,双方都获得了实在的利益。由此推之,无论是夸富宴,还是在比夸富宴更加具有一般性的交换的古代形式,都具有鲜明的互惠性。鲍德里亚认为,上述这两者都属于象征交换的具体表现形式。因此,在鲍德里亚看来,象征交换的一个鲜明特征也在于互惠性。

(五)绝对性

关于象征的形式,鲍德里亚指出:"象征既不是神秘的,也不是结构的。它是不可避免的。"[④]由此可见,在他看来,象征交换还具有一个鲜明特征,那就是不可避免性。不可避免性在某种意义上体现了它具有的一种绝对性。由此,在鲍德里亚看来,象征交换的一个鲜明特征也在于绝对性。此外,象征交

---

① 参见[法]马塞尔·莫斯:《礼物》,汲喆译,商务印书馆,2006 年,第 62~68 页。

② 同上,第 82 页。

③ 同上,第 55~70 页。

④ Jean Baudrillard, *The Symbolic Exchange and Death*, trans. Lain Hamilton Grant, London: Sage Publications, 1993, Preface, p.2.

换的这种绝对性表现为一种普遍性。这种普遍性表现在它既存在于众多的原始部落中,也存在于现代社会中。关于这一点,鲍德里亚指出,统治源于制度上保留赠礼而无须回礼的特权——对于劳动这个礼物而言,如果它不是通过消费得到回应,那么只能通过破坏或牺牲得到回应。消费仅仅是无任何结果的剩余(满足制度的延续)。因此,它依然是剩余(统治的延续);由于代码的垄断,没有任何东西可以用来回报媒介和消息等礼物;任何人都无法逃避无时不在的社会、保护机构以及对社会的乞求这些礼物——那么唯一的解决路径就是运用权力的原则反抗制度本身:回应或反驳的非可能性。只能通过制度本身的崩溃或消亡来反抗制度和不能回礼的制度。任何事物,甚至制度本身都无法逃避象征的义务……制度本身必须灭亡,以回应众多的死亡和自杀式的挑战。①也就是说,在鲍德里亚看来,任何一种社会制度和社会形态,都无法逃脱象征交换的原则和逻辑。这也再一次说明了象征交换的不可避免性。

(六)不确定性

在鲍德里亚看来,“象征交换的逻辑是不定性的逻辑”②。换言之,与象征交换的逻辑相对应的一个主要原则在于不确定性。象征交换之所以具有这种不确定性,是因为它是对商品交换和符号交换的一种解构和超越。商品交换和符号交换在某种程度上都具有确定性。对于商品交换而言,它遵循的是商品的价值规律。这一规律的核心要义在于,商品的交换是基于其价值量来等价交换的。在某种意义上,商品交换是以不同商品的使用价值为物质基础,以一般等价物为交换媒介,来追求不同商品在价值上的等同性。这种等

---

① 参见孔明安:《物·象征·仿真——鲍德里亚哲学思想研究》,安徽师范大学出版社,2010年,第76~77页。

② See Jean Baudrillard, *For a Critique of the Political Economy of the Sign*, trans. Charles Levin, St.Louis: Telos Press, 1981, p.66.

同性的表现在于,这些商品都具有使用价值,并且它们都凝结着一般性的人类劳动。从人类劳动的角度看,商品交换是通过把各种不同形式的、不同劳动者的具体劳动升华为一般的、抽象的人类劳动,从而找到不同商品之间的某种等同性,从而实现不同商品之间的交换。另外,符号交换遵循的是符号交换的价值规律。符号的交换以不同符号的差异性价值为物质基础,也实行等价交换。符号交换在某种意义上是商品交换的一种特殊表现形式,只是符号交换的物质基础在于不同符号的差异性价值而非商品的抽象价值。在某种意义上,符号交换是以不同符号的差异性价值为物质基础,以一般等价物为交换媒介,进而交换彰显不同符号之间的差异性。不同符号之间的这种差异性表现在,对于不同的符号而言,它们具有的符号价值是各不相同的。对处于社会中的人们而言,不同的符号意味着不同的社会地位。因此,通过购买、占有和消费不同的符号,整个社会的人们在无形中被划分为不同的社会阶层。具体而言,高端的符号意味着优势的社会地位,低端的符号意味着弱势的社会地位。正因为如此,人们都想通过购买、占有和消费高端的符号来提升和彰显自己高端的社会地位,进而人们都热衷于进行符号交换。

商品交换的确定性在于追求一种等同性,符号交换的确定性在于彰显一种差异性。无论是等同性还是差异性,其共同的特质在于它们都是一种确定性。无论是商品交换还是符号交换,它们在某种程度上都体现了一种确定性。象征交换是对商品交换和符号交换的解构和超越。由此推之,象征交换的一个鲜明特征也在于不确定性。这种不确定性的具体表现至少包括如下两个方面:其一,交换的物质基础是不确定的。商品交换的物质基础在于不同商品的使用价值。符号交换的物质基础在于不同符号的差异性价值。象征交换的物质基础在于不同物品的象征价值,而这种象征价值是不确定的。其二,交换的基本规律也是不确定的。商品交换遵循的基本规律是商品的价值规律。符号交换遵循的也是符号的价值规律。象征交换遵循的却是一种不确定性的规律。

总之,就其具体内涵而言,鲍德里亚论述的象征交换与莫斯、巴塔耶等论述的象征交换存在比较明显的差异。在鲍德里亚看来,象征交换主要指一种结束了真实与想象对立的、超越了商品和符号价值规律的、表征现代社会构成之毁灭与死亡的特殊交换形式。在莫斯、巴塔耶看来,象征交换主要指原始部落中诸如夸富宴、赠礼与回礼的一种古老而特殊的物品交换形式,或经济领域中非生产性的耗费。基于此,鲍德里亚在某种程度上只是借鉴了莫斯、巴塔耶论述的象征交换的表面形式,进而立足消费社会的现实条件,改变和拓展了象征交换的具体内涵。此外,鲍德里亚认为,象征交换具有如下一些主要特征:可逆性、非现实性、非经济理性、互惠性、绝对性、不确定性。具备这些特征的象征交换与商品交换、符号交换截然不同。

二、象征交换在一定程度和范围内存在于消费社会之中

在其晚期著作《象征交换与死亡》的前言部分的开篇处,鲍德里亚明确指出:"象征交换不再是现代社会的组织原则。当然,象征通过现代社会制度的死亡这种形式困扰着现代社会制度。"[1]由此可见,在鲍德里亚看来,象征交换不再作为组织原则存在于现代社会中。在现代社会中,不再存在以组织形式呈现的象征交换。然而它依然在一定程度和范围内存在于现代社会中,也无时无刻不在困扰着现代社会。消费社会是鲍德里亚对以消费为主导的现代社会的独特指称。由此,鲍德里亚认为,象征交换依然存在于消费社会中。此外,在鲍德里亚看来,象征交换的逻辑在某种意义上是礼物的逻辑。礼物交换也被他看作象征交换的一种具体形式。在消费社会中,虽然商品交换和符号交换大行其道, 但是礼物交换仍然在一定程度和范围内存在于人们的

①　Jean Baudrillard, *The Symbolic Exchange and Death*, trans. Lain Hamilton Grant, London: Sage Publications, 1993, Preface, p.1.

日常生活中。由此可见,象征交换也在一定程度和范围内存在于消费社会中。

三、象征交换是消费社会中人的符号化生存方式唯一可能的救赎路径

在鲍德里亚看来,消费社会的主要逻辑是符号的差异性逻辑。正是由于符号的差异性逻辑,人们陷入对符号的疯狂迷恋和消费而无法自拔,受制于符号化的生存方式而无法摆脱。在此条件下,整个社会的消费将持续不断地增长,进而反过来带动整个社会生产的持续增长。整个社会消费和生产的持续增长的一个负面效应在于,这两者会使生态环境遭到严重破坏。此外,在人的符号化生存方式的影响下,其他的很多问题也在消费社会内部生成,比如文化的平庸化和商品化、政治的游戏化、人们之间实质不平等的加剧、社会分化更加严重。对于人的符号化生存方式,他也提出了自己的解决方案,那就是象征交换。而他之所以把象征交换作为人的符号化生存方式的唯一可能的救赎路径,原因主要在于以下三点:

其一,人的符号化生存方式背后的主要逻辑还是在于商品交换的逻辑,而象征交换突破了商品交换的逻辑。在鲍德里亚看来,消费社会是一个消费在其中占据主导地位的社会。对于消费社会而言,其主体是符号,其主导逻辑是符号的差异性逻辑。正是在符号的操控和符号差异性逻辑的支配下,消费社会才会出现惊人的和不断增长的符号物品消费,进而人会陷入一种符号化生存方式。从其深层的原因而言,在这惊人的和不断增长的符号物品消费背后起作用的深层原因和根本机制在于商品交换及其逻辑。此外,鲍德里亚认为,对于消费社会而言,其重要特征之一也在于商品交换逻辑在整个社会中的普及,并且它也支配了社会生活的各方面。它不仅控制社会生产及其产品,也操纵社会文化和人际关系,甚至也支配个体的思想和行动。在商品交换逻辑的支配下,社会中的一切功能和需要都被操纵为功利性的话语,一切事物都被编排为可消费的符号商品。由此,在消费社会中,符号消费的行

为也逐渐形成和发展,符号交换的逻辑也随之生成。另外,在消费社会中,还是由生产、分配、交换、消费四个主要环节构成。它们彼此衔接、互相依存、密不可分。因此,符号商品消费的不断增长也离不开符号商品交换的发展。符号商品交换的主导逻辑是商品的价值规律。该规律的主要内容在于,对于商品而言,其交换基于其价值量来等价交换。基于此,商品交换在本质上还是体现了一种经济理性。此外,商品交换并不具有可逆性。对于某一次具体的商品交换而言,其完成以后,买方付出了货币而得到了商品,而卖方付出了商品而得到了货币。严格而言,一旦某一次具体的商品交换完成以后,它并不具有可逆性。也就是说,买方不会主动将自己已经获得的商品主动退还给卖方,卖方也不会主动将自己已经获得的货币退还给买方。此外,也正是在商品交换的推动下,整个社会的消费才会不断增长,进而达到一种惊人的状态。由此,消费社会也得以形成。与此同时,人也被符号的差异性逻辑驱使,沉迷于对各种符号物品的购买和消费,陷入一种符号化生存方式。象征交换具有以下主要特征:可逆性、非现实性、非经济理性、互惠性、绝对性、不确定性。正是因为象征交换具有以上这些特征,它才能突破商品交换和符号交换的逻辑,进而被鲍德里亚认定为人的符号化生存方式唯一可能的救赎路径。总之,鲍德里亚希望通过超越商品交换规律的象征交换来克服消费社会的诸多弊病。与此同时,他也希望通过象征交换来实现对人的符号化生存方式的救赎。

其二,消费社会以及其中存在的人的符号化生存方式无法实现自身的救赎。鲍德里亚认为,对于消费社会而言,它就是自己的神话,在它的内部不存在其他任何真正的神话。它能通过"消费"的神话来实现自我表达。与此同时,"消费"的神话也有其话语和反话语。其话语就是丰盛的歌颂性话语,反话语就是对消费社会弊端的批判性话语。这两种话语相互交织,共同构成了"消费"的神话,进而使消费社会内部达到了一种微妙、神奇的平衡状态,并且使消费社会也得以持续运行。也正是因为这样,消费社会无法真正克服自身带来的负面效应。与此同时,在消费社会中,人们也沉迷于符号消费,也无法摆脱符号化的生存方式。因此,要实现消费社会以及其中人的符号化生存方式的救赎,必须从消费社会和符号化生存方式之外来寻求路径。消费社会和人的符号化生存方式背后的主要逻辑是商品交换的逻辑。鉴于此,为了实现消费社会以及其中存在的人的符号化生存方式的救赎,就必须突破商品交换的逻辑。象征交换正是突破这一逻辑唯一可能的路径。因此,鲍德里亚把象征交换作为人的符号化生存方式唯一可能的救赎路径。

其三,莫斯和巴塔耶等人有关思想的影响。在鲍德里亚之前,莫斯和巴塔耶各自从不同的角度对象征交换问题进行过研究,进而也各自形成了初步的象征交换思想。在他们看来,象征交换具有很多与商品交换截然不同的本质特征,象征交换的逻辑完全不同于在资本主义社会经济运行过程中居于主导地位的商品交换逻辑。这一思想观点给了鲍德里亚很好的启示。在鲍德里亚看来,消费社会和人的符号化生存方式背后的主要逻辑是商品交换的逻辑。因此,只有真正打破商品交换的逻辑,才能真正地终结人们对作为商品的符号的购买和消费过程,也是终结符号交换的过程,这样才能真正地使人摆脱符号化的生存方式。象征交换能彻底地打破商品交换的逻辑,因而它就被鲍德里亚认定为人的符号化生存方式唯一可能的救赎路径。

第五章　人的符号化生存方式之救赎再思考

在提出以象征交换作为消费社会中人的符号化生存方式之救赎路径以后,鲍德里亚也并未停止自己关于这一问题的理论思考。在其晚期著作《完美的罪行》《致命的策略》《仿真与拟像》等著作中,他对人的符号化生存方式的救赎问题,又进行了一些理论思考,进而提出了一些新的思想观点。这些思想观点,在很大程度上已经不同于他早期提出关于消费社会中人的符号化生存方式救赎的思想观点:以象征交换作为唯一可能的救赎路径。具体而言,这些思想观点主要可以概括为以下四个方面:

第一节　技术客体的水晶复仇与镜中人的报复

在鲍德里亚看来,自近代主体主义哲学创立以来,在人类社会发展的历史进程中,形成了一种主体与客体的二元关系。在这种二元关系中,作为主体的人对作为客体的物品施加支配和控制。在晚期资本主义社会中,得益于科学技术的推动作用,社会生产力显著提升,整个社会生产的消费物品十分丰盛。与此同时,整个社会的消费也十分惊人并且不断增长。在此过程中,人越来越处于物的包围之中。此外,自近代以来形成的人与物之间的主客体二元关系也发生了一些变化。其中一个变化表现为,物作为技术客体对作为主体的人的隐性报复,简而言之,也就是技术客体的隐性报复。

关于技术客体的隐性报复,在《物体系》中,鲍德里亚已经进行了一些论述。他指出:"最简单的机制都容易取代和囊括一整套手势,它集中了它们的效能,同时又独立于代理人和被操作的材料。"①也就是说,鲍德里亚认为,在一种最简单的机制中,技术客体集中了一整套手势的效能,并且独立于主体这一代理人之外。这在某种意义上体现了技术客体对主体的一种隐性报复,具体表现是技术客体让自己的运作机制独立于主体。这意味着技术客体摆脱了主体的支配和控制,进而也意味着技术客体对主体以往支配和控制的隐性报复。他指出:"技术并不满足于封装早期的手势,它创造了新的操作。最重要的是,它将操作领域瓜分为完全不同的功能或成套的功能。因此,人与他的(技术)物品的抽象关系,他的'壮观的异化',与其说是他的手势被代替的问题,不如说是功能被瓜分的方式的抽象性问题,以及不可能理解通过参考早期手势分割的任何类比的问题。只有一个抽象的(绝不是一个无中介的)智力可以适应这种新的技术结构。同时,人自己还不得不适应对这些更加高级的智力和计算功能的这种越来越排外的使用。这里的阻力有深刻的根源,并且会产生无法弥补的延迟。人已经变得比他自己的、现在跑在他前面的物品更加不合理。可以说,这些物品组织了他周围的事物并且也因此牵引着他的行为。"②由此可见,在鲍德里亚看来,技术用新的方式来把操作场域瓜分成完全不同的功能或成套的功能。因此,面对这种具有新的分割方式的技术制造的物品,人就变得抽象了,变得无法适应这种新的操作场域和技术功能结构,即人变得落后于技术物品。由此,技术物品反过来支配和控制了人的行为举止。对于人而言,这在某种意义上也体现了技术物品这种客体

---

① Jean Baudrillard,*The System of Objects*,trans. James Benedict,London – New York:Verso, 1996,p.50.

② Ibid.,pp.50–51.

对于人的隐性报复。

另外，鲍德里亚结合魔术师与自动木偶的寓言故事来对技术客体的隐性报复进行了论述。这个故事的主要情节如下：在 18 世纪，一个熟悉钟表机械的魔术师以自身为原型制作了一个自动木偶。这个木偶非常完美，动作也非常自然，以至于魔术师和木偶同台演出时，观众无法判断谁是"真的"。最终，为避免观众因长久无法判断孰真孰假而陷入焦虑，魔术师不得不以自己巧妙的表演使自己的手势机械化，并且让自己的外表露出轻微的破绽。由此，真的魔术师被观众当成了木偶，而木偶则被他们当成了真的魔术师。①基于这个故事，他指出："技术的不断向前行进，终究会实现一个拟态：用智能的人工世界代替自然世界。如果拟态的模拟物被很好地设计以致使它成为现实的有效组织者，那么肯定是人而不是模拟物，会变为一个抽象性……这不是一个与机械相关的假说，而是直接经历的现实：技术的物体强加的行为是贫乏的手势和失去节奏的符号手势的一个破碎序列。这就像故事中的魔术师对他的机械的完美作出反应，而被引导到拆解自己并使自己机械化。他的结构设计的一致性把人重新定位到不发达的状态。面对功用性的物体，人成为功能失调的、不理智的、主观的：一个空虚的形式……"②由此可见，在鲍德里亚看来，正如那个魔术师与木偶的故事所讲的那样，人自己制造的技术客体反过来会使人抽象化和空虚化，从而失去主体性，进而陷入被动的境地。这在某种程度上体现了技术客体对于人的隐性报复。

在其晚期著作《致命的策略》中，鲍德里亚对技术客体的隐性报复进行了集中而深刻的论述。在他看来，对于主体与客体的关系而言，客体相当于主体的"镜子"。镜子使主体回到其致命的透明。如果说镜子诱惑了主体，这

---

① See Jean Baudrillard, *The System of Objects*, trans. James Benedict, London – New York: Verso, 1996, p.56.

② Jean Baudrillard, *The System of Objects*, trans. James Benedict, London – New York: Verso, 1996, p.57.

是因为镜子自己没有本质或意义。只有纯粹的客体是最高的统治者，因为它废除他者的统治并且把他者困在它自己的陷阱。水晶复仇开始了。①也就是说，在鲍德里亚看来，作为主体"镜子"的客体诱惑了主体，从而颠覆和消解了主体对其的统治，并把主体困在自身的陷阱。这体现了客体对于主体的"水晶复仇"。在此处，鲍德里亚之所以把客体对主体的复仇称为"水晶复仇"，在一定程度上也与西方社会的神秘主义传统有关。在西方历史上，水晶球往往是巫婆用来占卜、算命的工具。因为光的折射，在水晶球中会形成一个影像。巫婆会根据这个影像来解释和预测人的命运。在水晶球中形成的这个影像成为人的命运的预示和象征，水晶球可以反映人的命运。在鲍德里亚看来，作为主体的"镜子"，客体"使主体回归其致命的透明"，这意味着客体也反映主体的命运。由此可见，作为主体的"镜子"的客体与西方社会的水晶球在功能上有类似之处。原本被主体支配和控制的客体"废除他者的统治并且把他者困在它自己的陷阱"，这意味着客体对主体的复仇。基于此，鲍德里亚把客体对主体的复仇称作"水晶复仇"。此外，在鲍德里亚的理论语境中，客体并非自然界的天然客体，而是由人们利用技术制造出来的。他指称的"客体"是打上了人工烙印的技术客体。因此，确切而言，客体对主体的"水晶复仇"，是技术客体对于主体的"水晶复仇"。这种"水晶复仇"也就是技术客体对主体的一种隐性报复。

此外，鲍德里亚指出，在主体的视野中，客体早就已经消失。基于这个消失的深度，主体被封印在致命的策略中。这样一来，在客体的视野中，主体也消失了。②也就是说，在他看来，主体与技术客体的关系也是相互制约的、具有两面性的。一方面，从主体的角度而言，技术客体是自己统治和利用的对象。在主体的意识当中，技术客体是没有任何地位和尊严可言的。对于技术

---

①② 参见［法］让·波德里亚：《致命的策略》，刘翔、戴阿宝译，南京大学出版社，2015年，第163页。（注：因翻译问题，波德里亚也即鲍德里亚，也译作尚·布希亚、让·博德里亚尔。）

客体而言,主体对它们的统治和使用,在某种意义上也意味着主体受到了它们的诱惑、制约和控制。换言之,在对技术客体统治和利用的过程中,主体被自己对技术客体的这种统治和利用异化,主体反过来被技术客体俘获和支配,从而成为技术客体的奴隶。这在某种程度上也体现了技术客体对主体的隐性报复。技术客体对主体的这种隐性报复,也正如鲍德里亚指出的,主体意图把自己置于世界的先验核心地位,并把自己当作普遍的因果关系。在主体依然是主宰者的律法符号下,这样的意图不能阻止主体悄悄地祈求客体,把客体看作偶像和护身符、颠倒的因果关系的象征或体性失血的所在。有一种隐藏的客体总是在表象的主体性后面。主体的全部命运都转嫁给客体。①由此可见,在鲍德里亚看来,虽然主体总是把自己当作整个世界的核心,但是主体也难免陷入对技术客体的崇拜和依赖, 即主体反过来受到技术客体的制约和支配。

总之,在鲍德里亚看来,技术客体相当于主体的"镜子"。从表面上看,主体能自由地根据自己的意志来统治和利用技术客体这个"镜子",未给技术客体留下任何反抗或商量的余地。然而按照他的说法,技术客体对主体也有一种隐性的报复方式,即"水晶复仇"或"镜中人的报复"。这种"水晶复仇"或"镜中人的报复"在消费社会中也广泛存在。他认为,在消费社会中,技术客体相当于主体的"镜子"。通过技术客体这面"镜子",主体才得以不断地认识和改造这个世界。与此同时,主体也才能维持和延续自己的生存和发展。对于人而言,其认识和改造世界以及追求自身更好的生活和发展质量的欲望是无止境的, 因此人会通过技术的革新和进步来制造和运用越来越多的技术客体。由此,主体最后形成了对技术客体的一种严重依赖。这种主体对技术客体的依赖,反过来从技术客体的角度看,是人受到技术客体的驱使和统

---

① 参见[法]让·波德里亚:《致命的策略》,刘翔、戴阿宝译,南京大学出版社,2015年,第163~164页。

治。这在某种程度上体现了技术客体对主体的一种隐性报复。这种隐性报复也预示着消费社会的未来是黯淡无光和令人失望的。因为对于消费社会而言，消费在其内部占据了主导地位。在不断增长和日新月异的消费的刺激下，技术客体不断增长，从而导致人们越来越多地受到技术客体的驱使和统治。最终，人们会丧失其主体性和创造性，从而难以继续推动技术的革新和进步，也难以进一步推动技术客体的发展，从而也导致消费社会最终陷入绝境。关于这个问题，机器人是一个极好的例子。在人类社会中，机器人发挥的作用越来越广泛和重要。不论是在整个社会的生产领域中，还是在人们日常的生活领域中，机器人起到的作用都日益重要。在整个社会中，随着人们对机器人应用的日益普遍化和深入化，人们难免形成对机器人的依赖。长此以往，人们的主体性和创造性会削弱，从而难以推动机器人的更新换代和持续发展，进而也难以推动整个社会的持续发展。

此外，在《完美的罪行》中，鲍德里亚对"镜中人的报复"进行了论述。关于此，他引用了博尔赫斯《镜中野兽》关于镜中人的报复的论述来佐证了自己的观点。在他看来，在镜中人第一次入侵地球后，人类战胜了它们，把它们禁闭于镜中，还迫使它们重复性地模仿人的动作。由此，镜中人丧失了自己的力量和独特形象，变为人的模仿映象。然而随着镜中人自己的演进，它们会变得与人类不同甚至走向人类的对立面。最终，镜中人会打破与人类世界之间的界限来报复人类。①此外，关于"镜中人的报复"，他指出："这就是被征服并被宣判为相似的奴性命运的异己的寓言。我们在镜子里的形象不是无辜的。那么，在每个倒影、每个相似之处、每个表象的背后，隐藏着一个战败的敌人。这个异己被打败并被宣判为相同物。这为表现的问题和所有那些用客观的迁就来'自发地'反映我们的镜子的问题提供了一个独特的线索。所

---

① See Jean Baudrillard, *The Perfect Crime*, trans. Chris Turner, London–New York: Verso, 1996, p.149.

有这些都不是真的,每一种表现都是一种奴性的影像,一个曾经拥有主权但是现在其单一性已经被抹杀的存在物的幽灵。然而,终有一天,这个存在物会反抗,然后我们整个的表现和价值体系注定要在这场反抗中灭亡。这个相同物和相似的奴隶制,总有一天会被异己的暴力复兴所摧毁。我们梦想着穿过镜子,但镜子中的人们自己会闯入我们的世界,并且'这一次不会被打败'。"①由此推之,鲍德里亚认为,镜中人在某种程度上相当于人的模拟映像。这些模拟映像虽然丧失了自己的独特性,而只能在人类的统治下被动地模仿人类,但是它们最终会反抗人类的统治,并且它们最终会取得成功。

就其理论立场而言,鲍德里亚对技术客体的隐性报复、水晶复仇和镜中人的报复的有关论述,主要体现了其反主体主义的理论立场。正因为如此,他才能从技术客体的角度来审视和研究社会现实状况,察觉到技术客体对人这一主体的报复。在鲍德里亚看来,技术客体对人这一主体的报复之所以是一种隐性报复、水晶复仇和镜中人的报复,其原因主要还是在于技术客体在表面上毕竟还是处于人这一主体的支配和控制中。此外,鲍德里亚论述技术客体对于主体的报复,在某种程度上体现了他关注人这一主体的命运。因此,不能简单地把他的思想归入把反主体主义作为一个主要特征的后现代主义流派。而论及鲍德里亚指称的消费社会中的符号或符号物品,就其本质而言,它们也属于一种技术客体。它们本身是由人通过现代科技制造出来的。然而随着现代科技的不断发展,整个社会的生产力不断进步,作为技术客体的符号或符号物品的数量也不断地增长,并且它们也越来越多地进入人的社会生活,进而支配和控制了人的生存实践。由此,人们陷入一种被符号支配和控制的生存状态。此外,从另一个角度看,它们在某种程度上是鲍德里亚指称的人的模拟映象。在人类的社会生活中,它们也一直处于人类的

① Jean Baudrillard, *The Perfect Crime*, trans. Chris Turner, London−New York: Verso, 1996, p.150.

统治和控制下。然而它们最终会对人类的统治和控制进行反抗,并且最终还会取得成功。这在某种程度上意味着,符号或符号物品最终会战胜人类,摆脱人类的支配和控制,并且反过来统治和控制人类。也正因为如此,人类最终也将陷入符号或符号物品的支配和控制中,进而也难以摆脱一种符号化生存方式。

第二节 技术客体的致命策略与消费社会的危机

关于技术客体的致命性或危害性问题,鲍德里亚在其早期著作《物体系》中进行过一些思考和探讨。他指出:"我们可以追溯技术自己生出的功用性神话一直到某种宿命。在这种宿命中,主宰世界的技术似乎具体化为一种逆向的、胁迫的目的之形式。在这一点上,我们应该做两件事。第一,我们必须重新构造物品的脆弱和背叛的问题。因为纵然它们最初把自己作为令人安心的、平衡的因素(尽管是神经质的那种)展现给我们,它们最终也是不断的幻灭的一个因素……"①由此可见,鲍德里亚认为,技术物品具有一定的宿命性和致命性。这主要是因为,"物品的脆弱性和其背叛",亦即技术物品本身的功能缺陷,以及它们对人类的背叛会给人类社会带来一些灾难性的后果。在某种程度上,鲍德里亚的上述这些思想观点也潜在地蕴含了技术客体的致命策略。

此外,鲍德里亚结合技术物品某些具体的发展趋势,对技术客体的致命性作了一些论述。在这些具体的趋势中,一种比较典型的趋势是迷你化。关于技术物品的迷你化,他指出:"当前科技的进步被技术产品日益强烈的迷你化趋势陪伴着。机械主义摆脱了对人的尺度或'实物尺度'的参考需要,甚

① Jean Baudrillard, *The System of Objects*, trans. James Benedict, London–New York: Verso, 1996, p.123.

至更多地被消息的复杂性所接受,根据人脑的模型,朝向它们结构的一个不可逆的集中,朝向典型的微观宇宙的……电子设备、控制论意味着摆脱了手势空间束缚的效率与以最小延展统治最大化的领域的饱和相关,而这与感官经验没有共同的衡量标准。"①由此可见,鲍德里亚认为,在科技发展的推动下,技术物品以人脑为参照模型,逐渐集中趋向于不可逆转的结构,变得越来越迷你化。一旦这种迷你化达到某种极端状态,它会使技术物品既摆脱了人的支配和控制,也摆脱了所谓的自然尺度,并且越来越深入地在整个世界中运作。这种极端的迷你化也使效率变得只与技术物品的延展对于操作场域的控制相关,而与人的感官经验毫无共同之处。因此,这种极端的迷你化在某种意义上也潜在地反映了技术物品的一种致命性。这种极端的迷你化最终会使技术物品摆脱人的支配和控制,并且越来越深入地运作于整个世界之中,进而很有可能反过来控制和影响人的生存和发展。对于人而言,技术物品是一种客体。因此,对于人而言,技术物品的致命性是技术客体的致命性。

在《物体系》中,鲍德里亚对技术物品的机制的有关论述也潜在地反映了技术客体的致命性。他指出:"就像一个物品的机制的各个部分有结构,各个技术物品也倾向独立于人而成为由自己组织的,并且在其被简化的实践的同一性中互相参考。因此,它们组成一个追求它自己技术发展模式的铰接式秩序。"②由此可见,鲍德里亚认为,技术物品有自己特定的运行机制。在这种机制中,技术物品倾向独立于人的支配和控制,而形成一个关联清晰的体系。由此,人们面对技术物品,唯一可以做的事情是施行机械化的操控。随着技术物品的演进,有朝一日,技术物品很有可能会实现对自己的机械化操

---

① Jean Baudrillard, *The System of Objects*, trans. James Benedict, London–New York: Verso, 1996, pp.51–52.

② Ibid., p.51.

控。这意味着技术物品完全脱离了人的支配和控制。在这种情况下,技术物品的不断变革可能会给人类的生存和发展招致危害和损失。这在某种意义上也潜在地体现了技术物品的致命性。对于人而言,技术物品是一种客体。因此,对于人而言,技术物品的致命性也意味着技术客体的致命性。

在《致命的策略》中,鲍德里亚深化了对技术客体的宿命性和致命性问题的思考,并且对技术客体的致命策略作出了比较详细、深入的论述。在他看来,客体的策略是一种致命的策略。而这些客体并非自然界天然生成的客体,而是人类依靠生产技术制造出来的,是生产技术的制造物,具有鲜明的技术特性。因此,也可以说,就其特性而言,这些客体是技术客体,技术客体的策略是致命的。该策略的核心要义在于,技术客体追逐某种行动过程的发展轨迹直到它的极限,从而造成自身的极速增加,进而产生超越,最终发展到无法控制的地步。①正如鲍德里亚指出的,事物已找到摆脱它厌倦的意义辩证法的路径,那就是无限扩张,从而实现自我超越而升到极限。②这一论述再一次揭示了技术客体致命策略的核心内容。鲍德里亚还指出,技术客体之所以能够具有这种致命的策略,主要原因在于,这种技术客体不相信自己的欲望,也不依靠自己欲望的影像。客体没有欲望,它不会把属于自己的物品看作私有财产,也不会幻想占有或自主。它不会试图扎根于一种适合的天性。与此同时,它不关乎相异性,也浑然一体、不可分割。客体从来都不自我分裂(那是主体的宿命),也从来都不知道自己在镜像阶段可能被其虚像俘虏。③就其自身本质特征而言,正是因为技术客体没有自己的欲望,并且与相异性无关,也不会自我分裂,所以它才能够具有这种致命的策略。此外,对于这种致命的策略,鲍德里亚经常用于言明它的一个表达句式就是"比 X 更加

---

① 参见[法]让·波德里亚:《致命的策略》,刘翔、戴阿宝译,南京大学出版社,2015 年,第 280 页。
② 同上,第 3 页。
③ 同上,第 162~163 页。

X"，比如比纯粹更加纯粹，比美丽更加美，比真实更加真实。[①]而客体之所以能够具有这种策略，在很大程度上还是因为其在本质上已经不是自然界的天然客体，而是一种融入了人类智慧、包含了技术成分的人工客体。或者说，客体的背后有技术的支撑。正是因为有了技术的支撑，客体才得以具有上述那种致命的策略。

在消费社会中，技术客体的致命策略表现为在技术变革和创新的推动下，技术客体不断增加，从而导致技术客体达到某种极限而产生某种破坏性的超越，进而给整个社会招致严重的损失和危害。基于鲍德里亚的有关论述，这种损失和危害的具体表现至少包括如下三个方面：

其一，主体的没落。对主体与客体之间的二元关系，鲍德里亚指出，我们已经习惯了主体的显达与客体的困窘。在书写历史和整合世界的正是主体。全部形而上学的主旨是个体的或集体的、有意识的或是无意识的世界主体。客体只是主体性的大道上一个无关紧要的曲折。[②]由此可见，在鲍德里亚看来，关于主体与客体的关系，我们一直以来所持的一种观点是：在人类社会历史发展的进程中，主体无疑是推动人类社会历史发展的主体性力量，此处的主体就是人。正是作为主体的人积极发挥自身的主观能动性，积极探寻和运用自然、社会以及思维发展的客观规律，才能不断有效地促进人类社会的发展进步。客体只不过是主体纳入其社会实践活动范围的微不足道的对象或工具，客体要受到主体的役使和利用。然而关于消费社会中主体与客体之间的关系，鲍德里亚指出，只有主体欲求，也只有客体诱惑。[③]由此可见，在消费社会中，主客体之间的关系，从主体的角度看，是主体对客体的欲求。从欲求的角度看，相对于客体，主体拥有绝对的优势和权力，客体则因成为主体欲求的对象而处于劣势；反过来，从客体的角度而言，是客体对主体的诱惑。

---

① 参见[法]让·波德里亚：《致命的策略》，刘翔、戴阿宝译，南京大学出版社，2015 年，第 5 页。

②③ 同上，第 159 页。

从诱惑的角度看,相对于主体,客体拥有绝对的优势和权力,主体则因为受到客体的诱惑而处于劣势。鲍德里亚认为,主体对客体的欲求,固然体现了主体的一种优越性和特权。然而,正是由于客体无欲望,所以它能对主体进行诱惑。客体的诱惑正是借由主体对它的欲求而发生,而这种诱惑也体现了客体一种独特而巨大的潜力。从客体的角度看,由于主体有欲望而容易受到客体的诱惑,客体无欲望而能诱惑主体,因而主体是脆弱的,而客体是强大的。由此,客体具有了相对于主体的某种优越性。这在一定程度上也从侧面反映了主体的没落。

关于主体与客体的地位关系,鲍德里亚也明确指出,居于世界中心的不再是主体的欲望。反过来,物的命运居于核心地位。[①]由此可见,他认为,在消费社会中,虽然主体依旧可以欲求客体,但是主体的欲望已经不再占据社会生活的中心地位,取而代之的是客体的命运,亦即客体的诱惑。这在一定程度上体现了主体的没落。在《完美的罪行》中,鲍德里亚也再次对技术发展的终极状态和人的没落作了论述。他指出:"技术成为一个非凡的冒险……它变成一种消失的艺术。它的目的可能看起来与其说是改变世界,不如说是创造一个自动的、完全实现的并且最终我们可以从其中撤走的世界。"[②]由此推之,鲍德里亚认为,相对于人这一主体而言,技术客体发展到极限的一个结果可能就是一个完全独立于人、把人排除在外的技术世界的出现,而这也意味着原本作为主体的人的没落。另外,在消费社会中,随着日新月异的技术变革和发展,技术客体不断增加,作为主体的人在日常的生产生活实践中面临着越来越多的技术客体,最终人被技术客体包围。在这种情况下,由于一向都作为主体,人也不得不对客体进行处理和回应。最终,人被技术客体驱

---

① 参见孔明安:《物·象征·仿真——鲍德里亚哲学思想研究》,安徽师范大学出版社,2010 年,第 174 页。

② Jean Baudrillard, *The Perfect Crime*, trans. Chris Turner, London – New York: Verso, 1996, p.40.

使,从而在某种程度上丧失了自己的主体性,成为技术客体的客体和对象,这也体现了主体的客体化和没落。主体的客体化和没落,最终也将导致消费社会的终结。这主要因为,主体的客体化和没落意味着主体丧失了主体性和创造性,进而他们也无法推动技术的持续革新和进步,进而导致技术客体无法继续增加,从而导致技术客体自身的终结,进而导致消费社会的终结。

其二,生态环境的恶化。在鲍德里亚看来,各种经济活动导致了日益严重的环境破坏。[①]而环境破坏的一个突出表现是生态环境的破坏和恶化,比如大气污染、水污染等。当今社会的经济活动,绝大多数都是在科学技术的影响和推动下进行的。生态环境的恶化,从科技发展的角度看,在很大程度上是由科技客体带来的。由于这些危害的存在,如果在技术变革和进步的推动下,技术客体一直持续不断地增长,那么消费社会最终是无法持续存在的,或者说,消费社会最终的结局只能是死亡或终结。这是因为技术客体的不断增加会使生态环境遭受的破坏与日俱增,而技术客体增加到极限最终会使生态环境不堪重负而全面恶化,进而引发整个消费社会的生存危机。人的符号化生存方式正是存在于消费社会中。因此,消费社会的生存危机也导致人的符号化生存方式的灭亡。

其三,核灾难或核子战争。"人类发明的这一可怕的致命之物,却真正对人类这一主体自身构成了可怕的毁灭。"[②]由此可见,在鲍德里亚看来,核武器本来是人类创造出来的一种技术客体,人类创造它的初衷是为了终结战争,维护和平。然而如果核武器发展不受任何制约和限制,即它一直无限制地扩张和发展,那么它最终会超越自身,达到一种无法估量、不可控制的极

---

① See Jean Baudrillard, *The Consumer Society*, trans. George Ritzer, London: Sage Publications, 1998, p.39.

② 孔明安:《物·象征·仿真——鲍德里亚哲学思想研究》,安徽师范大学出版社,2010年,第172页。

端状态,从而给人类带来灭顶之灾。整个人类都会因为核武器带来的核灾难而完全灭绝。而人类灭绝以后,消费社会自然也会随之消亡。这是因为消费社会的主要成员是人类。人类灭绝以后,整个消费社会的社会生活将无法继续,消费社会的运行和发展也将终结。简而言之,消费社会将走向消亡。

总之,由于技术客体的致命策略导致的上述三个方面的危害,消费社会最终的结局只能是终结。对于人的符号化生存方式而言,其存在的社会基础正是消费社会。既然由于消费社会的结局只能是终结,那么人的符号化生存方式也会随之走向终结, 进而对于人的符号化生存方式的救赎也将无法实现。此外,从其理论立场的角度看,鲍德里亚在对技术客体致命策略的有关论述中坚持的还是反主体主义的立场。正是因为坚持这一立场,他才能看到技术客体的致命策略。不过在他这里,技术客体的致命策略之"致命",既可以理解为技术客体的演进相对于技术客体本身的影响而言, 也可以理解为技术客体的演进相对于人这一主体的影响而言。基于此,鲍德里亚在对技术客体致命策略的论述过程中坚持反主体主义的立场的同时, 也关注到人这一主体的命运。因此,虽然后现代主义的一个重要特征在于反主体主义,但是把鲍德里亚的思想简单地归入后现代主义流派是不太合适的。

第三节　技术的自动化主义与消费社会的灾难

鲍德里亚认为,技术层面还有一个特殊的内涵:自动化主义。在他看来,对于现代物品而言,自动化主义是其机械必胜主义的主要概念,也是其神话学的理想。[①]"自动化主义意味的是在物品的特定功能中呈现出一个绝对性

---

　　① See Jean Baudrillard,*The System of Objects*,trans. James Benedict,London-New York:Verso,1996,p.109.

的内涵。"①"因为这一点,在社会中的每一个地方,自动化都作为一种技术范例被提倡和被接受。"②由此可见,鲍德里亚认为,自动化主义被认为是现代社会中物品的一种理想状态和必胜优势,它也被当作一种技术模范而广泛地被人们倡导和接受。例如,在他看来,汽车取消了过去的手柄,而由一个外在的蓄电池的电能来控制其启动,这体现了一种自动化的工艺。这种自动化的工艺体现了技术上的复杂化和抽象化,但是被当作技术进步和现代性的象征。这种自动化的工艺满足了人们对于自动化的欲望,也体现了自动化主义这样一种意识形态。在这种自动化主义意识形态的影响下,技术产品的演进并非彻底地按照完全有利于自身进步的方向而进行。

另外,看起来不可思议的一点是,在人们看来,技术产品的完美度和其自动化程度存在一种正相关的关联。然而技术产品自动化要以其具体的结构和功能的牺牲为代价。这种结构和功能的牺牲会使技术产品变得脆弱,从而缩减其使用寿命。因此,技术产品的自动化并非完全意味着技术上的进步,相反,它在某种程度上包含着一种使技术发展停顿的风险。这种风险体现在,某种技术产品在未实现自动化的情况下,还具有被进一步改进功能或参与到更大的功能组合来实现自我功能超越的可能性。然而一旦这种技术产品实现了自动化,它的功能就达到了某种极限状态,因而也失去了被进一步改进或参与到更大的功能组合来实现自我功能超越的可能。这主要是因为,它的功能一旦达到极致状态,也就意味着其功能具有了一种排他性,即它只具备单一的某种功能。由此,某种技术产品的自动化在某种程度上意味着它功能上的单一性和同义反复。对于使用这种技术产品的人而言,在某种意义上变成了一种无所作为的旁观者。不过,技术产品的自动化之所以会产

---

① Jean Baudrillard, *The System of Objects*, trans. James Benedict, London –New York: Verso, 1996, p.109.

② 参见[法]尚·布希亚:《物体系》,林志明译,上海人民出版社,2001年,第129页。

生,还是由于人们对自动化的欲望。正如鲍德里亚指出的:"包含在自动化中的是支配世界的梦想以及服务于一个惰性而爱梦想的人性的一个纯形式完满的技术性。"①

此外,鲍德里亚指出,在技术产品的自动化中隐藏了一个谎言,这个谎言就是: 真正建立在水平日益提升的技术性基础上的技术产品的真正完美或真正"功用性"并非依靠更多的自动化主义,而是依靠让技术回应外界信息的未决定的一种确定的边际。②只有这样,才能使技术产品可以更加敏感地捕捉和回应外界的信息。技术产品的自动化并非意味着它在技术上的进步,因为自动化意味着其功能的封闭性和单一性。技术产品的真正技术进步主要体现为其功能的开放性和不断改进的可能性。"高科技的机器是一个开放的结构,并且一个这样开放性机器组成的宇宙预设人作为组织者和活着的诠释者。"③由此推之,鲍德里亚认为,真正的高科技机器具有开放性的结构和功能,这种开放性的结构和功能使人们能在使用这种机器的过程中充分发挥自己的主体性和创造性。然而自动化的技术产品在功能上却具有排他性、封闭性和单一性。因此,自动化的技术产品就不能被算作高科技的机器。由此,在高科技层面,自动化的谎言也被揭穿。

在日常生活中的实用层面,"自动化主义持续地将物品推入一个危险的抽象性"④。而它之所以能够具有如此强大的吸引力,是因为"它不是一种技术合理性。相反地,我们来到他的咒语之下是因为我们把它当作一个基本的欲望和物品虚构的事实来经历。与之相比,物品的结构和具体功能对我们而

---

① Jean Baudrillard, *The System of Objects*, trans. James Benedict, London-New York: Verso, 1996, p.110.

② See Jean Baudrillard, *The System of Objects*, trans. James Benedict, London-New York: Verso, 1996, p.111.

③④ Jean Baudrillard, *The System of Objects*, trans. James Benedict, London-New York: Verso, 1996, p.111.

言,显得无足轻重。只要想想我们不断希望'一切物品都能自行运作',希望每个物品在履行其指定职能时都能以最小的努力实现这一奇迹"①。也就是说,自动化虽然不符合科技进步的标准,也不能算作真正的高科技。但是它在日常生活的实用层面,却对人们具有强大的蛊惑力。其主要原因在于,人们内心存在对物品自动化运行的强烈愿望,进而也就不太关注物品的具体结构和功能,而只是一味地追求物品的自动化。关于自动化,鲍德里亚还指出:"每一个自动化的物品可以把我们带入一种经常不可改变的模式化行为,这样的行为对我们的这个即刻的需要不构成真正的挑战:在那里,对自动化的欲望是第一位的。相对于客观的实践,它具有优先性。如果它是如此牢牢地扎根的,以致其形式实现的神话几乎表现为技术和需要的开放的结构的一个物质阻碍,这个原因在于它深深地扎根于作为我们自己的映像的物品。"②由此可见,鲍德里亚认为,自动化之所以能够对人们具有强大的吸引力,主要原因还是在于自动化主义是人们施加于物品之上的自我形象。换言之,人们心中存在对物品自动化的强烈欲望。

此外,鲍德里亚指出:"因为自动化的物品'自己运行'以及它与独立自主的个人之间的相似性是绝不会错的,而由此产生的吸引力又带动自动化与时俱进的发展。我们在一个新的物体拟人主义面前。"③也就是说,"以前,人的影像被印刻在工具、家具和房子本身的形态学和使用规则之上。在完美的技术物品中,这种(物对人的)服从关系已经被毁灭了,它已经被另一种象征体系而不是主要功能所代替:人投射在自动化物品身上的,是人的意识的自主权、人的控制力、人自己的独特本性、人的人格意念"④。由此可见,在这种意义上,"最终,自动化努力在物品中产生共鸣的就是意识的超功能性"⑤。

---

①②③ Jean Baudrillard, *The System of Objects*, trans. James Benedict, London–New York: Verso, 1996, p.111.

④ Ibid., pp.111–112.

⑤ Ibid., p.112.

总之，从物与人的关系的角度而言，自动化体现了人的意识在物品上的投射，或者说体现了人对于物品自动化的欲望。

在鲍德里亚看来，技术的自动化主义并非体现了其在严格意义上有价值的进步。他指出："自动化主义只是技术离经叛道的行为，但它打开了通向一个功用性错觉的世界的门。同时，它也打开了通向不合理的复杂性、强迫性的细节、异常的技术性、无必要的形式主义在其中发挥作用的人造物的整个范围的门。"①鲍德里亚认为，自动化主义可以被看作技术病态演化的结果，而它带来的一个负面结果是功能错乱的世界。在这个功能错乱的世界中，充斥着无意义的小发明。在此世界中，"物品技术性的平衡被打乱了。太多附加性的功能被从物品只是回答对于功能的需要这样的观点介绍出来。换言之，它回答的是功能的迷信。根据这种功能的迷信，要有（也必须要有）一个物品对应于任何操作。并且，如果这样的物品没有存在，一个这样的物品就必须被创造"②。由此，一些无意义的小发明就产生了。从纯粹技术的角度看，这些无意义的小发明也许并没有什么实质性的功能，不过它们也不能说是一无是处，因为它们唯一的作用在于为人们服务。它们的机械装置具有令人感动的蛊惑力。对于这种无意义的小发明，鲍德里亚认为，它们体现了一种空洞的功能主义。鲍德里亚认为，对于这种体现了空洞功能主义的无意义小发明，也可以用一个概念来指称它们，即"玩意儿"。

关于"玩意儿"这个概念指称的具体事物，鲍德里亚指出，它指"所有那些因为它们的专门化以及它们回应的不是真正的集体的要求而不能被称为机器的物品"③。就其所属领域而言，它属于"言语使用"的主观领域。他还指

①　Jean Baudrillard, *The System of Objects*, trans. James Benedict, London–New York: Verso, 1996, p.113.

②　Ibid., p.113.

③　Ibid., p.115.

出："玩意儿的真实功用性在特征上是无意识的。因此，它有了对我们的吸引力。"①那么玩意儿的真正功能到底是什么呢？关于这一点，鲍德里亚虽然未直接说明，但是他在有关论述中也有所涉及。他指出："对于任何物品而言，只要失去了具体实用的方面，就可以被转移到精神的实用领域。简而言之，一个梦想中的物品存在于每个真实物品的后面。"②由此可见，玩意儿的功能是一种心智用途。这种心智用途主要表现为，它是人们梦想中的物品的一个意象或象征。我们总会把自己的愿望投射在玩意儿上。因此，玩意儿虽然无实用的具体功能，但是对于我们而言，它终归总是有用的。这种作用在于它满足了我们心智上的某种需要。这种在本质功能上无意义的小发明可以被看作技术自动化主义的一种衍生品，它体现了技术自动化主义的一种负面效应。它会在一定程度上浪费技术发展需要的各种社会资源，阻碍技术真正的创新和进步，从而导致技术无法持续地创新和发展，进而也使技术难以支撑消费社会的持续发展。由此，消费社会将陷入危机并最终走向终结。消费社会是人的符号化生存方式存在的社会基础，人的符号化生存方式的持续运行和发展必须在消费社会中才能进行。基于此，消费社会将陷入危机并最终走向终结，也就意味着人的符号化生存方式最终也将走向终结。

另外，关于自动化主义，鲍德里亚指出，机器人可以说是自动化主义发明的一个超级物品。他认为，机器人"涉及在物品的领域中被无意识采取的所有途径。机器人是人和这个世界一个象征的小宇宙。这就是说，它同时代替了人和世界，也合成了完全的功用性和完全的拟人主义"③。也就是说，在某种意义上，机器人是一种拟人化的超级工具，也是人和世界的象征或一种

---

① Jean Baudrillard, *The System of Objects*, trans. James Benedict, London–New York: Verso, 1996, p.117.

② Ibid., p.117.

③ Jean Baudrillard, *The System of Objects*, trans. James Benedict, London–New York: Verso, 1996, p.120.

超级替代品。然而他也指出,之所以"对于无意识而言,机器人是总结所有其他物品的完美物体,这并不是简单地因为它是作为在功能上有效的存在物的人的拟像,而是因为,纵然机器人确实是这样一个拟像,但它在这个领域中还不够那么完美到成为人的复制品,因为纵然它具备所有的人性,却总是依然很明显地是一个物。因此,它是一个奴隶"①。由此推之,机器人之所以能成为一种拟人化的超级工具,原因不仅在于它是人的功能的拟像,更在于虽然它被称为"人",但就其本质而言,它仍然还是一种物。因此,它成为人支配和利用的奴隶。不过,鲍德里亚也指出:"机器人是一个奴隶,虽然如此,但是让我们不要忘记,即使在巫师学徒的传说中,奴隶制的主题也总是与造反的主题紧密相连。"②机器人一旦造反,就不再是人类可以支配和控制的一种奴隶了,而是会转化为一种"邪恶"力量。"而对于机器人的造反而言,它的结局有两种可能性:其一,已经被释放出来的'邪恶'力量被人驯服,'道德'秩序被恢复;其二,机器人包含的力量自毁,自动化主义被逼到自杀。"③在导致自身毁灭和解体的同时,由机器人体现的力量也会危及人类的生存和发展,甚至导致人类的灭亡。人类一旦灭亡,消费活动也就失去了主体,进而消费社会以及其中人的符号化生存方式也会随之终结。

此外,在消费社会中,由于受到自动化主义的影响,从纯粹技术的功能性角度看,自动化的技术设置会削弱和减损技术产品的本质功能,从而缩短其使用寿命,加速其损耗。技术产品的加速损耗反过来会迫使人们加速对其的购买和消费行为,而人们的购买和消费又会刺激其生产和流通的加速。技术产品生产和流通的加速也能为其损耗、购买和消费提供基础和动力。由

---

① Jean Baudrillard, *The System of Objects*, trans. James Benedict, London-New York: Verso, 1996, p.120.

② Ibid., p.121.

③ See Jean Baudrillard, *The System of Objects*, trans. James Benedict, London-New York: Verso, 1996, p.122.

此,技术产品的损耗、消费、生产等环节彼此衔接和互动,形成了一个既周而复始又愈演愈烈的过程。在这个过程中,自然资源和生态环境的压力会越来越大。长此以往,最终自然资源会枯竭,生态环境将严重恶化,进而消费社会也将走向终结。与此同时,消费社会中的人的符号化生存方式也将随之走向终结。

总之,技术自动化主义形成的一个重要原因在于人对于技术物品自动化的欲望。不过,技术自动化的演进并不尽如人意,它会产生一些负面效应:其一,它并非代表技术严格意义上的进步。随着其深入发展,技术真正的创新和发展会受到阻碍,进而技术难以推动消费社会的持续发展。其二,它排除了人对技术运行过程的参与,进而阻碍了人通过参与技术运行过程的实践来提升自身的本质力量,从而使人难以推动技术的持续创新和发展,也难以推动消费社会的持续发展。其三,它很可能会导致一些技术物品摆脱人的支配和控制,甚至反过来威胁人的生存,进而也威胁消费社会的存在。其四,它会间接地加快消费社会中经济的运行过程,加重自然资源和生态环境的负担,从而使消费社会走向终结。由于技术自动化主义的负面效应,随着技术自动化主义的深入发展,消费社会将走向终结。而人的符号化生存方式正是存在于消费社会中的,即消费社会正是人的符号化生存方式存在和发展的社会基础,因此技术自动化主义的深入发展将直接地导致消费社会的终结。与此同时,它将间接地导致人的符号化生存方式的终结。总之,技术的自动化主义会导致消费社会的灾难和终结,进而也会导致人的符号化生存方式的终结,而这就意味着对人的符号化生存方式的救赎无法真正实现。

第四节　符号拟像的超真实与主体的迷失

对于晚期资本主义社会或后工业社会,鲍德里亚在其晚期也从符号学的角度,以"仿像"这一概念为切入点,对它进行了分析。他指出:"伟大的、人制造的仿像从自然规律的世界进入力量和不安的世界, 目前又进入结构和二元敌对的世界。非决定论和代码的形而上学在存在和现象的形而上学的后面,也在能量和决定论的形而上学的后面。控制论的控制、通过模型的生产、差别的调整、反应、问题／答案,等等。这就是新的操作的布局(工业的仿像只是操作)。对于它而言,数字性是其形而上学准则(莱布尼茨的上帝),DNA 是其预言家。实际上,目前'仿真的创始'正是在基因的代码中找到了自己完整的形式。在对参考和定局进行更加有力的淘汰并且失去外表和指示者的极限下, 我们发现具有纯粹战术价值的数字化程序化符号在其他信号(信息的"比特"／测试)的交集处,并且它有一个命令和控制的微分子代码的结构。"①由此可见,鲍德里亚认为,在晚期资本主义社会或后工业社会中,支配和控制整个资本主义经济运行的是作为一种新型仿像的数字性符号代码。与此同时,在他看来,形而上学的理论形态与人类社会发展的历史时期相互对应:存在和现象的形而上学与古代社会相互对应,能量和决定论的形而上学与现代社会相互对应,非决定论和代码的形而上学与晚期资本主义社会或后工业社会相互对应。他认为,一种新型的形而上学也形成于晚期资本主义社会或后工业社会,这就是代码的形而上学。在代码的形而上学中,代码成为晚期资本主义社会或后工业社会的主宰, 支配和控制了整个社会的各方面,也支配和控制了人的生存实践。而后现代主义哲学的一个主要特征就在于反形而上学。②基于此,他晚期的哲学思想在某种程度上已经不同于后现代主义哲学的一个主要特征——反形而上学。正是因为如此,他的哲学思想也不能被简单地归入后现代主义这一流派。

① Jean Baudrillard, *The Symbolic Exchange and Death*, trans. Lain Hamilton Grant, London: Sage Publications, 1993, p.57.

② 参见孔明安:《鲍德里亚是一个后现代主义者吗? ——兼论现代技术与后现代的关系》,《现代哲学》,2008 年第 6 期。

此外，在他看来，晚期资本主义社会或后工业社会中的符号已经不同于以往社会中的符号。他指出，在晚期资本主义社会或后工业社会中，"符号及其理性用途、'真实的'和'虚构的'、抑制、颠倒，还有它们对其沉默或其类似意义形成的幻象，都是完全地被抹去的。我们已经看到第一级的带有丰富幻觉的复杂符号，随着机器的出现而变为原始的、呆滞的、工业化的、重复的、无回声的、功用性的和高效率的符号。对于变得难以辨认的并且无法提供任何可能的解释的代码的信号而言，它仍然有一个更激进的突变，就像程序性的母体一样被埋没了许多光年。最终，来自'生物学的'身体——黑盒子的每个命令和反应都是推断的。表演剧场的终结以及符号冲突和沉默的空间的终结：只有代码的黑盒子仍然存在，分子发射信号照射我们，网络问题／答案作为识别信号穿过我们，并被我们硬连接到我们自己细胞的程序不断地测试。无论是监狱细胞、电子细胞、政党细胞还是我们正在处理的微生物学的细胞，我们一直在寻找最小的不可分元素，该元素的有机合成将根据代码的规定……遗传密码是软盘中的永久跳转，并且在其中，我们只不过是阅读的细胞。符号和意义本身的整个光环被决定性地分解了：每一个事物都被分解成铭文和解码。这就是我们第三阶的仿像，这就是'零和一的二进制的神秘优雅'，所有的生命都从它发出。这也是符号在意义结束时的状态：DNA 或操作性的模拟"[①]。由此可见，鲍德里亚认为，在晚期资本主义社会或后工业社会中，支配和控制整个社会运行和发展的就是一种不同以往的新型仿象——类似于生物学中作为遗传密码的 DNA 的符号代码。在该代码的控制下，符号及其意义本身的光环乃至社会中的每一个事物都被符号的记录和解码消解。由此，如同整个社会运行之遗传密码的符号就全面深入地渗透到整个社会的各方面，取得对整个社会的全面彻底的支配和控制。进而，人的

[①]　Jean Baudrillard, *The Symbolic Exchange and Death*, trans. Lain Hamilton Grant, London: Sage Publications, 1993, pp.57–58.

生存实践也处于符号的统治之下，人的符号化生存方式也难以得到真正的救赎。

此外，鲍德里亚认为，从符号学的角度看，根据仿像对价值规律不同形式之间的依赖关系，"在自文艺复兴以来的人类社会发展历史进程中主要经历了三种仿像模式。其中，第三种仿像模式是仿真，仿真是在当前被代码统治的阶段中占支配地位的模式，它根据价值的结构规律来运行"[①]。由此推之，鲍德里亚认为，他所处的晚期资本主义社会的主要模式是第三种仿像模式——仿真模式，而这个阶段的主要特征在于符号/代码支配和控制整个社会，在更深的层面上支配和控制整个社会运行和发展的是价值的结构规律。基于此，我们也可以称晚期资本主义社会为一个仿真时代。在这个仿真时代中，由于电子计算机技术、基因技术、控制论科学、传播媒介等的发展，符号已经成为一种拟像。"拟像不再是一个区域、参照物或物质的模拟。它是一个无起源或真实性的真实的模型的生成：一个超真实的。"[②]作为拟像的符号已经不是鲍德里亚之前所说的符号物品，而是一些除了指向自身以外不指向任何现实事物的代码。这些作为拟像的符号无原本、无指涉、无深度，它们并非真实之物，但是在某种程度上取代了真实之物，也消解了真实与非真实之间的界限。与此同时，它们不断地渗透到社会生活的各个方面，进而支配了整个社会生活。正如鲍德里亚指出的，符码和仿真的超现实吸收了全部的现实。管理社会生产的现实原则被仿真原则代替。[③]也就是说，超现实的符号拟像控制了整个社会生产。

鲍德里亚还指出，"对遗传密码模型的监管绝不局限于实验室的效果或

---

① See Jean Baudrillard, *The Symbolic Exchange and Death*, trans. Lain Hamilton Grant, London: Sage Publications, 1993, p.50.

② Jean Baudrillard, *Simulacra & Simulation*, trans. Sheila Faria Glaser, Ann Arbor: University of Michigan Press, 1994, p.1.

③ 参见[法]让·波德里亚：《美国》，张生译，南京大学出版社，2011年，第92~93页。

理论家的崇高愿景：这些模型把生活投入到最平庸的水平。数字化就在我们中间。它萦绕在我们社会的所有信息和迹象中，我们可以在测试、问题/答案和刺激/反应中清楚地找到其最具体的形式……代码对符号的完全中和相当于对时尚或每一块广告牌或电视广告信息的即时判断。在任何地方，供应吞噬了需求，问题吞噬了答案，要么以可解码的形式吸收并反噬它，要么发明它并期待其可预测的确证。无论在哪里，都有相同的'试验和错误'的'场景'（在实验室测试中，其负担由豚鼠承担）、提供的选择范围的场景或多重选择（'测试你的个性'）。无处不在的测试是控制的基本社会形式，它通过无限划分实践和反应来发挥作用"[1]，"问/答的循环贯穿于每个领域"[2]。也就是说，在鲍德里亚看来，仿真的模式已经控制了人们的日常生活。在仿真的模式中，起主要作用的是拟像。在晚期资本主义社会中，随着电子计算机技术、基因技术、控制论科学、传播媒介等的发展，符号已经成为一种拟像。由此推之，在晚期资本主义社会中，符号已经全面深入地控制了人们的日常生活。由此，人们也难以摆脱一种符号化生存方式。换言之，对于消费社会中人的符号化生存方式的救赎将难以实现。

　　总之，在鲍德里亚看来，在晚期资本主义社会或后工业社会中，随着电子计算机技术、基因技术、控制论科学、传播媒介等的发展，符号已经成为一种拟像。这些作为拟像的符号无原本、无指涉、无深度，它们并非真实之物，而是一种消解了真实与非真实之间界限的超真实之物，并且在某种程度上取代了真实之物。它们不断地渗透到社会生活的各方面，进而支配了整个社会生活。作为一种社会性的存在，人的生存实践都是在社会生活中进行。由此，在晚期资本主义社会中，人的生存实践完全陷入作为拟像的符号的支配

---

　　① Jean Baudrillard, *The Symbolic Exchange and Death*, trans. Lain Hamilton Grant, London: Sage Publications, 1993, pp.61-62.

　　② Ibid., p.67.

和控制中,即符号已经深刻地嵌入和统治了人的生存实践。在这样的社会现实条件下,人也更加难以摆脱符号化的生存方式。

综上所述,鲍德里亚在其晚期对消费社会中人的符号化生存方式之救赎问题的认识是比较悲观的。正是由于客体的隐性报复与水晶复仇、客体的致命策略以及技术的自动化主义愈演愈烈,消费社会最终的结局可能是走向终结。既然消费社会的存在都成为问题,那么消费社会中人的符号化生存方式也必将不复存在。另外,由于电子计算机技术、基因技术、控制论科学、传播媒介技术等现代科技的发展,符号在某种程度上已经成为一种拟像。这种作为拟像的符号是一种超真实之物,并且不断地渗透到社会生活的各方面,从而支配和控制了社会生活。由此,人的生存实践也处于作为拟像的符号的支配和控制下,进而人也难以摆脱符号化的生存方式。总之,晚期的鲍德里亚已经完全改变了之前以象征交换作为人的符号化生存方式的唯一救赎路径的观点,而他之所以改变这一观点,主要原因可以从以下四个方面来分析:

其一,他的思想始终还是内在于消费社会,因而无法真正解决消费社会的弊端。在他看来,消费社会是自身的神话。在消费社会中,丰盛的歌颂性话语和对其自身弊端的批判性话语共同构成了"消费"的神话,进而使其达到一种微妙的平衡状态并且持续运行。他的思想属于对消费社会自身弊端的批判性话语,只是消费社会自身话语体系的一部分,因而并不能真正地解决消费社会的弊端。在晚年,他也深刻地认识到这一点,因而在思想上也变得悲观,认为消费社会以及其中存在的人的符号化生存方式都无法得到真正的救赎。基于这一点,他的思想在本质上还是为消费社会和人的符号化生存方式的运行服务的。换言之,他的思想在某种程度上也是消费社会和人的符号化生存方式的同谋。

其二,他的思想在一定程度上受到巴塔耶死亡哲学思想的影响。巴塔耶认为,人类社会发展的必要因素之一就是死亡。死亡也并非意味着完全、彻底的终结,而是一个与生成相互衔接的无限循环。正是因为有死亡的循环,才会有不断的新生成,人类社会才能不断向前发展。在巴塔耶死亡哲学思想的影响下,鲍德里亚在其晚年也认为人的符号化生存方式唯一真正可行的出路就在于死亡。只有通过死亡,才能彻底摆脱人的符号化生存方式,进而开启一种新的生存方式。

其三,他对技术客体和符号的发展状况有新的认识。在其晚年,鲍德里亚从技术客体发展的实际状况出发,形成了一些新的认识。在他看来,随着科技的进步,消费社会中的技术客体也不断地加速发展,以致达到一个极限状态。进而它会越来越摆脱作为主体的人的控制,甚至反过来会支配人的生存实践。就其功能本质而言,符号也是一种技术客体。在科技的推动下,存在于消费社会中的符号也不断加速发展以致达到一个过度饱和的极限状态。进而它最终得以脱离了人的操控,而且反过来控制了人们的生存实践。此外,随着科技和大众传媒的发展,符号也不再仅仅是符号物品,而是变为一种拟像。这种拟像作为一种超真实之物,更加深入地渗透到人们生存实践的各方面,进而更加深刻地支配和控制人的生存实践。由此,人们在其生存实践中就更加难以摆脱符号的控制,人的符号化生存方式也难以被救赎。

其四,象征交换的题中之义也包括消费社会中人的符号化生存方式的死亡。鲍德里亚指出:"象征交换不再是现代社会的组织原则。当然,象征通过现代社会制度的死亡这种形式困扰着现代社会制度。"①由此推之,"现代社会制度的死亡"也是象征交换的题中之义之一。对鲍德里亚研究的资本主义社会而言,"现代社会制度的死亡"在经济领域的一个重要组成部分是资本逻辑。资本逻辑是资本主义现代社会形成和发展的根本逻辑。鲍德里亚指

---

① Jean Baudrillard, *The Symbolic Exchange and Death*, trans. Lain Hamilton Grant, London: Sage Publications, 1993, Preface, p.1.

称的消费社会是在资本主义现代社会的基础上发展而来的，消费社会形成和发展的根本逻辑还是资本逻辑。基于此，象征交换意味着"现代社会制度的死亡"，那么它也同样意味着消费社会的死亡。人的符号化生存方式赖以存在的社会基础在于消费社会。基于此，既然象征交换意味着消费社会的死亡，那么它也意味着人的符号化生存方式的死亡。因此，虽然象征交换曾经被鲍德里亚认定为人的符号化生存方式唯一可能的救赎路径，但是它实际上并不能实现人的符号化生存方式的真正救赎。总之，象征交换的题中之义包括消费社会中人的符号化生存方式的死亡，因而无法实现对它的真正救赎。

在晚年，鲍德里亚放弃了以象征交换作为消费社会中人的符号化生存方式的唯一可能的救赎路径这一思想观点，转而认为消费社会和其中存在的人的符号化生存方式无法被真正地救赎。由此可见，他对晚期资本主义社会的批判显得比较苍白无力。不可否认的是，他在早期运用符号学等理论对消费社会以及存在于其中的人的符号化生存方式进行了比较全面深入的批判，并且还创造性地提出以象征交换作为消费社会中人的符号化生存方式的唯一可能的救赎路径这一思想观点。然而他最终放弃了自己早期提出的这一思想观点，并且认定对消费社会以及其中存在的人的符号化生存方式的救赎不可能真正实现。基于此，可以说他在某种程度上最终还是沦为消费社会以及其中存在的人的符号化生存方式的共谋。这是因为，虽然他早期创造性地提出以象征交换作为消费社会中人的符号化生存方式的唯一可能的救赎路径这一思想观点，但是他在晚年又论证了消费社会以及其中存在的人的符号化生存方式无法被真正救赎。由此，他的哲学思想最终在某种程度上也就支撑了消费社会以及其中存在的人的符号化生存方式的合理性，进而也会引导人们放弃对消费社会以及其中存在的人的符号化生存方式的"抵抗"，进而默默接受消费社会以及自己正身处其中的符号化生存方式的支配和控制。

第六章　反思鲍德里亚消费社会思想而得出的现实启示

第一节　鲍德里亚消费社会思想的辩证评析

要对鲍德里亚消费社会思想进行彻底的反思，就需要对其进行辩证评析。而对鲍德里亚消费社会思想进行辩证评析，就需要既揭示其理论局限，也探讨其理论价值。

一、鲍德里亚消费社会思想的理论局限

鲍德里亚消费社会思想的理论局限至少包括以下三点：

首先，鲍德里亚消费社会思想在本质上仍然是一种西方现代性的意识形态。就鲍德里亚的思想本身而言，他通过把符号学的有关理论纳入对处于消费社会中的人的生存方式的批判，由此形成了自己独特而完整的对处于消费社会中的人的符号化生存方式批判的思想。虽然该思想揭露了上述生存方式的弊病，但是该思想并不能有效地消除这些弊病，进而会变相地"说服"或促使人们放弃对上述生存方式的反思和抵制，主动或被动地安于这种生存方式。从这个意义上而言,鲍德里亚对处于消费社会中的人的符号化生存方式的批判思想，在某种程度上也沦为消费社会以及其中存在的人的符

号化生存方式的共谋。由此可见,该思想并不能根除晚期资本主义社会或消费社会的现实问题。也就是说,该思想虽然揭露了西方现代社会的一些现实问题,但是未能提出解决这些问题的切实有效的途径和方案。这在一定程度上会打击或消磨人们解决西方现代社会的现实问题的意志和信心,进而让人们在西方现代社会中安于现状,主动或被动地认同和接受西方现代社会的经济基础、上层建筑和生存方式。另外,鲍德里亚消费社会思想还是未能突破西方现代社会的基本建制——资本和技术共同主导整个社会的运行。与此同时,在鲍德里亚消费社会思想视域中,消费社会的主导逻辑是符号逻辑。然而就其本质和功能而言,符号逻辑只是资本逻辑的一种特殊表现形式和工具。也就是说,符号逻辑还是处于资本逻辑的支配和控制之下,还是为资本逻辑服务的。而资本逻辑是支配和控制西方现代社会的经济基础、上层建筑等全部社会结构及其运行的核心逻辑。总之,鲍德里亚消费社会思想在本质上还是为西方现代社会的经济基础和上层建筑服务的,仍然是一种西方现代性的意识形态。

其次,鲍德里亚消费社会思想在本质上对马克思政治经济学批判理论存在严重的误读。这种误读体现在很多方面。比如,在消费与生产的关系方面,马克思从社会经济运行的实际出发,指出消费与生产是一种辩证统一的关系。然而鲍德里亚却过分夸大消费的作用,甚至把消费上升为整个社会的主导力量,从而颠倒了消费与生产的地位,也割裂了消费与生产的辩证统一关系。另外,对于资本主义社会运行的主导逻辑而言,马克思揭露的是资本逻辑,而鲍德里亚强调的是符号逻辑。然而符号逻辑在本质上还是从属于资本逻辑的。这是因为,在符号逻辑背后起着决定和支配作用的还是资本逻辑。或者说,符号逻辑只是资本逻辑的一种外化的特殊表现形式而已,符号逻辑还是为资本逻辑服务的。因此,鲍德里亚强调符号逻辑,这显然也是对马克思政治经济学批判理论的一种误读。

最后,鲍德里亚消费社会思想并不能根除晚期资本主义社会的问题。客观而言,虽然这一思想具有一定的创新性,但是它仍然存在一定的理论缺陷,这个理论缺陷主要就在于,它提出的消费社会中人的符号化生存方式的救赎路径——象征交换在晚期资本主义社会并不具有很大的可行性。这是因为,在晚期资本主义社会中,主导整个社会运行过程的还是资本逻辑。在资本逻辑的操纵下,商品交换在整个晚期资本主义社会中依然大行其道。此外,鲍德里亚别出心裁地从符号学的角度来阐释晚期资本主义社会的消费现象,指出消费的主角是符号,消费的主导逻辑是符号的差异性逻辑。然而就其本质而言,符号并不是空洞的符号,它仍然是商品,因而也不得不受到商品交换的价值规律的支配和控制。与此同时,符号的差异性逻辑也没有真正地超越资本逻辑,前者在某种程度上是后者的一种具体表现,并且依然要受到后者的支配和影响。总之,在晚期资本主义社会中,资本逻辑依然是整个社会的主导逻辑,商品交换依然大行其道。鉴于这种现实,他提出以象征交换作为消费社会中人的符号化生存方式的救赎路径就好像是一种乌托邦式的幻想。

事实上,在其晚年,上述这一理论缺陷在某种程度上也被他自己察觉。因此,他也完全改变了之前以象征交换作为处于消费社会中的人的符号化生存方式的唯一救赎路径的观点,对人的符号化生存方式的救赎问题的认识变得比较消极。在晚年的鲍德里亚看来,正是由于客体的隐性报复与水晶复仇、客体的致命策略,以及技术的自动化主义愈演愈烈,消费社会最终的结局可能是走向终结。既然消费社会的存在都成为问题,那么消费社会中人的符号化生存方式也必将不复存在。另外,由于电子计算机技术、基因技术、控制论科学、传播媒介技术等现代科技的发展,符号在某种程度上已经成为一种拟像。这种作为拟像的符号是一种超真实之物,并且不断地渗透到社会生活的各个方面,从而支配和控制了整个社会生活。由此,人的生存实践也处于作为拟像的符号的支配和控制之下，进而人难以摆脱符号化的生存方式。鲍德里亚晚期思想的转变体现了一种悲观主义的理论倾向。总之，鲍德里亚消费社会思想并不能根除晚期资本主义社会的问题。

二、鲍德里亚消费社会思想的理论价值

鲍德里亚消费社会思想的理论价值主要在于，它对过度消费或消费社会的负面现象有批判，而这种批判对于祛除消费异化等负面现象具有启发意义和借鉴作用。具体而言，鲍德里亚通过把符号学的有关理论纳入对处于消费社会中的人的生存方式的批判，由此形成了其对处于消费社会中的人的符号化生存方式批判的思想。在鲍德里亚看来，人的符号化生存方式的一个突出表现在于人的消费活动符号化。人的消费活动符号化的主要表现在于：

第一，人在消费活动中沦为符号的奴隶。其主要表现为以下两点：一是获得物品的符号价值成为人消费的主要目标。在消费社会中，人在对物品的消费过程中主要追求和注重的是其符号价值而非其使用价值，而这就意味着获得物品的符号价值已经成为人消费的主要目标。二是符号的差异性逻辑成为支配人消费的主导逻辑。符号的差异性逻辑的核心内容在于符号的档次差异象征着人们社会地位的层次差别。具体而言，高端的符号象征着人们良好的社会地位，低端的符号象征着人们普通的社会地位。因此，为了改善或维持自己的社会地位，人就会持续不断地追随符号物品的新潮流，从而沉迷于对符号物品的购买和消费。

第二，人在消费活动中自身的符号化。其主要表现为以下两点：一是人沦为"消费者"这一普遍性的符号。也就是说，在消费社会中，人的社会功能身份已经发生了巨大的变化：人已经不再是一个个具体鲜活的个体，而只是变成了社会经济运行需要的普遍性的"消费者"。二是人的身体也成为人自

己消费的一种特殊符号。对处于消费社会中的人而言,其在消费活动中自身的符号化也深刻地体现于其对自己身体这种特殊符号的消费。换言之,人的身体成为人自己消费的一种特殊符号,主要表现在以下两个方面:功用性美丽和功用性色情。之所以说人的身体是人自己消费的一种特殊符号,主要原因在于人身体的美丽和色情可以通过人对自己身体精心的投入和开发而生产出来,并且它们还能在社会生活中被人所出售、购买和消费。

总之,在鲍德里亚看来,消费社会的主导力量是消费。而在此社会的消费中,占据主导地位的是符号的差异性逻辑或符号逻辑。在这一逻辑的支配和控制下,人们在消费中主要注重占有和消费商品的符号价值,并且会陷入不断对商品符号价值的消费或符号消费。也就是说,人会沦为符号消费的奴隶,甚至人自己在消费活动中也符号化。而在符号的差异性逻辑的支配和控制下,人们过度、异化地对商品符号价值的消费或符号消费,会造成以下弊病:其一,导致生态环境遭到严重破坏,进而阻碍经济社会的持续健康发展;其二,导致人与人之间的矛盾冲突加剧,或者社会内部各群体之间的区隔和不平等愈加严重;其三,导致物质世界丰富意义的丧失,精神世界的虚无与贫乏。这些弊病说明符号的差异性逻辑或符号逻辑驱使下的人对商品符号价值的过度、异化消费或过度、异化的符号消费对经济社会的发展乃至人自身的生存和发展都是有负面影响的。由此可见,鲍德里亚消费社会思想揭露了消费社会中人的符号化生存方式的弊病,或者更加具体地说,鲍德里亚消费社会思想揭露了消费社会中人对商品符号价值的过度、异化消费或过度、异化的符号消费的弊病。因此,鲍德里亚消费社会思想对消费社会中的过度、异化消费等消费社会的负面现象有批判,而这种批判对于祛除过度、异化消费等负面现象具有启发意义和借鉴作用。

第二节 鲍德里亚消费社会思想视域中人的符号化
生存方式的弊病

在鲍德里亚消费社会思想视域中，人的符号化生存方式的弊病主要表现为以下三个方面：

一、导致生态环境遭到严重破坏，进而阻碍经济社会的持续健康发展

在鲍德里亚消费社会思想的视域中，消费社会虽然在客观上带来了人们物质生活水平比较普遍的提高，但是在其内部，人的符号化生存方式也存在着很多弊病。其中，主要的弊病之一表现为：从人与自然、人与社会关系的角度来看，在符号化生存方式的笼罩之下，人们对于符号物品的消费不断增长反过来推动其生产的不断增长，而符号物品的消费和生产的不断增长导致生态环境遭到严重破坏，进而阻碍经济社会的持续健康发展。具体而言，在消费社会中，由于身处于符号化生存方式的笼罩下，人们消费的主要目标是获取物品的符号价值。物品符号价值的逻辑在于符号的差异性逻辑。该逻辑的要义在于，符号物品的档次差异象征着人们社会地位的阶层差别。在符号的差异性逻辑的驱使下，为了维持或提升自己的社会地位，人们就会不断地消费符号物品，从而导致符号物品消费的不断增长。符号物品消费的不断增长又会反过来推动符号物品生产的不断增长，而符号物品的消费和生产的不断增长则会导致生态环境进一步遭到严重破坏，进而经济的持续健康发展也会因此受到阻碍。此外，在人的符号化生存方式的笼罩下，先行消费也往往与符号物品的消费相伴而行。先行消费在某种程度上也是一种特殊的符号物品消费，只不过它不是以人们现实的购买力为基础，而是以人们对自己未来预期的经济收入为条件。具体而言，人们先通过借债或贷款等方式

获得资金来购买和消费符号物品，然后再用自己取得的收入来偿还债务或贷款。客观而言，虽然先行消费能够在一定程度上刺激整个社会生产的发展，但是其不断增长会给经济发展带来巨大的潜在风险，从而也难以推动经济的持续健康发展。也就是说，先行消费可能在短期内能够为经济的发展提供"强大"的动力，从而带来经济发展的巨大"繁荣"。然而这种"繁荣"只是一种缺乏现实购买力基础和发展后劲的虚假繁荣。在这种虚假繁荣的表象之下，或者说，与这种虚假繁荣相伴而生的是，经济的泡沫不断增长，经济的潜在风险也日益累积，从而为经济的持续健康发展埋下类似不定时炸弹这样的巨大隐患。

二、导致人与人之间的矛盾冲突加剧或者社会内部各群体之间的区隔和不平等愈加严重

在鲍德里亚看来，消费社会在社会思潮方面的一个突出现象就是在消费领域中普遍存在的竞争的意识形态。这种竞争的意识形态的主要内容是通过相对自由地选择和消费一些与他人占有和消费的物品不同的物品，或者说别人不曾占有或消费的物品，从而使自己与他人区分开来。这种区分主要是指一种社会地位上的区分，这种区分的关键之处就是获得和保持超越于他人的社会地位。而在消费社会中，人们所注重的消费物品的价值更加主要的不是在于其使用价值，而是在于它们象征着人们的社会地位，这在某种程度上就意味着这些物品变为一种符号。因此，人们对于这些物品的消费在某种意义上也就是对于符号的消费。而正是在这种竞争的意识形态的驱使之下，为了使自己在社会地位方面与他人区分开来，人们才会不断地进行对符号的消费，从而也推动对符号的消费活动在整个社会中的愈演愈烈、不断扩张。与此同时，人们也越来越深地陷入对符号的消费活动而无法自拔。这也意味着人们在消费活动中越来越深地陷入符号化的生存方式。总之，在消费社会中,竞争的意识形态助长和推动了人的生存方式的符号化。在鲍德里亚消费社会思想的视域中,由于处于符号化生存方式的笼罩下,人们在消费活动中都受到符号的差异性逻辑的驱使和控制,进而整个社会中竞争的意识形态不仅不会被削弱,反而会在人们日常的消费活动中不断得到强化。在这种意识形态的影响下,每个人心目中也会形成在对符号的消费活动方面与他人进行竞争的意识,以及通过对符号的消费活动来使自己与他人区分开来的观念,并且也会在这种意识和观念的影响下不断地进行对符号的消费活动。

在这种情况下,每个人心目中在对符号的消费活动方面与他人进行竞争的意识,以及通过对符号的消费活动来使自己与他人区分开来的观念不仅不会减弱或消失,反而会在一次又一次对符号消费的活动中得到强化,进而人们在对符号的消费活动中只会越陷越深,在对符号的消费活动方面与他人进行的竞争也会愈演愈烈。而在上述这种竞争中,人们心目中的对符号的消费活动方面与他人进行竞争的意识,以及通过对符号的消费活动来使自己与他人区分开来的观念也会不断强化。这样,长此以往,整个社会可能就会因为上述人们在对符号的消费活动方面进行竞争的意识和通过对符号的消费活动来使自己与他人区分开的观念而划分为不同的阶层,进而也会导致人与人之间的矛盾冲突加剧或者社会内部各群体之间的区隔和不平等愈加严重,也不利于整个社会的和谐稳定和健康发展。上述这一点就是在人与人的关系方面,鲍德里亚消费社会思想视域中人的符号化生存方式的弊病。

三、导致人的真正的个性与自由的丧失,物质世界丰富意义的丧失,精神世界的虚无与贫乏

在鲍德里亚消费社会思想的视域中,从人与自我的关系角度来看,人的符号化生存方式的弊病在于,它会导致人的真正的个性与自由的丧失,物质世界丰富意义的丧失,精神世界的虚无与贫乏。具体而言,在符号化生存方式的笼罩之下,人们的消费活动主要是在符号的差异性逻辑下展开。符号的差异性逻辑会使人们在消费活动中主要注重追求商品的符号价值,即商品所象征的人的社会身份和社会地位,而不注重商品本身的使用价值。由此,商品本身的价值和意义就被人们忽略了,这会导致物质世界的丰富意义在一定程度和范围的丧失。与此同时,在符号差异性逻辑的主导下,人们的消费活动主要相当于一种符号消费。在这样的消费活动中,人们的主要目标是获取商品的符号价值。也就是说,人们所有的消费活动都在符号差异性逻辑的主导下,围绕符号价值而进行。由此,消费活动本身的价值和意义被忽视和抹杀了,消费活动的丰富、鲜活的过程也被忽视了。

符号的差异性逻辑驱动人们不断地获取符号价值。对符号价值的需求或欲望将使人焦虑或痛苦,而每一次获取新的符号价值只能给人带来短暂的欢愉,而更加长久的是欢愉之后的精神虚无。也就是说,在符号化生存方式的笼罩下,符号消费会使人们陷入一种精神世界的虚无与贫乏的生存状态。这种情况正如叔本华所指出的,所有的冲动与欲求都来自人的缺乏,缺乏不被满足,那么人必将痛苦。但满足之后,新的欲求又重新再来,否则人只会陷入空虚与无聊之中。也就是说,在消费社会中,由于人都受到符号化生存方式的支配和控制,不仅消费主要表现为符号消费或者对商品符号价值的消费,而且消费已经丧失了其本身丰富的价值和意义。基于上述分析和认识,符号消费并不能给人们带来真正的幸福或快乐,反之,它甚至会造成或加剧人们精神世界的虚无、贫乏、焦虑、痛苦。也就是说,人利用符号化的生存方式所确证的个性,不过是对消费经济同一性的认同,由此导致人的真正的个性与自由的丧失。总之,在人的符号化生存方式的笼罩下,符号消费会导致人的真正的个性与自由的丧失,物质世界丰富意义的丧失,精神世界的虚无与贫乏。

第三节 反思鲍德里亚消费社会思想而得出的现实启示

结合当今中国的历史性实践，通过反思鲍德里亚消费社会思想的理论局限以及人的符号化生存方式的弊病，可以得出如下三点现实启示：

一、要努力引导人们树立合理的消费观和科学的人生观

鉴于鲍德里亚消费社会思想视域中人的符号化生存方式的主要弊病，在当下中国，我们必须警惕和防范鲍德里亚所揭露和批判的消费社会的弊病——人的符号化生存方式及其负面效应。而要做到这一点，首先就要从人们的思想观念层面入手，为人们的消费活动提供正确的价值观念引领。具体而言，我们应当在整个社会中弘扬一种合理的消费观，引导人们树立合理的消费观念，让消费成为经济持续健康发展的巨大推动力。而要引导人们树立合理的消费观念，必须从我国当前的实际国情和经济社会发展的实践需要出发，立足消费与生产、经济建设与生态文明建设的辩证关系来思考。

就当前的实际国情而言，我国虽然已经全面建成了小康社会，但仍处于社会主义初级阶段。在社会主义初级阶段，我国生产力水平和经济发展水平仍需进一步提升。在这方面的一个典型表现在于，虽然我国的国内生产总值总量自2010年起就稳居世界第二位，但是我国的人均国内生产总值在世界上的排名仍然比较靠后。因此，我国仍需牢牢坚持以经济建设为中心，持续不断地推动经济高质量发展。而按照目前流行的一种宏观经济学理论，投资、消费和出口拉动经济发展的"三驾马车"。由此可见，消费是经济发展的三大驱动力之一。因此，要推动经济高质量发展，就必须激发和释放人们的消费潜力，扩大内需。关于扩大内需，习近平总书记强调："要搞好统筹扩大内需和深化供给侧结构性改革，形成需求牵引供给、供给创造需求的更高水

平动态平衡,实现国民经济良性循环。"党的二十大报告也指出:"要坚持以推动高质量发展为主题,把实施扩大内需战略同深化供给侧结构性改革有机结合起来,增强国内大循环内生动力和可靠性","着力扩大内需,增强消费对经济发展的基础性作用和投资对优化供给结构的关键作用"。根据以上重要论述可以看出,扩大内需对于我国构建经济发展新格局和推动经济高质量发展具有重要意义。

而要扩大内需,就需要引导人们树立合理的消费观。具体而言,人们应该着眼于推动我国构建经济发展新格局和经济高质量发展,来树立一种积极的消费观,而不是坚持一种禁欲主义的消费观。当然,这种积极的消费观最好还是应该符合自己真实的消费需要和实际的支付能力。正如马尔库塞所指出的,在消费的过程中,消费者应当学会区分自己真实的消费需要和虚假的消费需要。真实的消费需要是指人们对为了维持自己的生存和发展而必须进行的消费的需要;虚假的消费需要主要是指在大众商业传媒的宣传和引导下所形成的消费需要,简而言之,就是在商业广告的引导下产生的消费需要。而为了推动经济高质量发展,人们首先还是应该根据自己的真实消费需要来进行消费。与此同时,为了推动经济高质量发展,人们在消费过程中也应该从自己的实际支付能力出发。简言之, 就是人们应该坚持量入为出,以自己实际拥有的消费资金来支持自己的消费活动,而尽量不采取借债或贷款方式来支撑自己的超前消费,以免增加经济发展的"泡沫"和潜在的风险。或者,退而求其次,即使要借债或贷款来进行超前消费,也应该把借债或贷款的规模(数额)和偿还期限控制在自己的偿付能力以内,而不应该超出自己的偿付能力来借债或贷款来进行超前消费。

此外,经济高质量发展也意味着要提高经济发展的质量和效益,实现经济的科学发展、可持续发展。因此,为了推动经济的高质量发展,在自己实际支付能力的情况下, 人们也可以选择资源利用率高而资源消耗少、绿色低碳、科技含量更高的商品。也就是说，在自己的支付能力能够承担的情况下，人们可以实现适度的消费升级，与此同时也树立和践行绿色低碳消费的理念，选择对生态环境更加友好或更加有利于生态环境保护的商品，从而有效地回应和促进供给侧结构性改革，有力地推动经济高质量发展。

除此之外，经济的高质量发展也意味着要实现包容性发展。包容共享发展的具体题中之义，主要包括以下两个方面：其一，在经济发展的过程中，要坚持统筹兼顾的原则，在国民经济收入分配过程中要统筹考虑政府、企业、员工等各方的利益，使各方都能从经济发展中获得切实的收益；其二，在经济发展的过程中，要坚持以人民为中心的价值立场，注重发挥人民的积极性、主动性和创造性，让人民共同参与经济建设的过程。此外，在以经济建设为中心、着力发展经济的同时，也注重在经济发展的基础上保障和改善民生，坚持维护社会公平正义，让人民能够在共建的基础上也实现共享，使全体人民共享经济发展的成果。因此，为了推动经济的高质量发展，消费者可以选择那些自觉承担纳税义务、社会责任感强以及社会声誉和形象好的企业生产的商品。

另外，在鲍德里亚消费社会思想的视域中，人的符号化生存方式的弊病还在于，它也会导致物质世界丰富意义的丧失，精神世界的虚无与贫乏。而造成上述弊病的主要原因在于在符号化生存方式的笼罩之下，符号的差异性逻辑会使人们在消费活动中主要注重追求商品的符号价值，而不注重商品本身的使用价值。由此，商品本身的价值和意义就被人们忽略了。这会导致物质世界的丰富意义在一定程度和范围的丧失。与此同时，在符号差异性逻辑的主导下，人们的消费活动都主要是为了获得商品的符号价值。由此，消费活动本身的价值和意义被忽视和抹杀了，消费活动的丰富、鲜活的过程也被忽视了。此外，符号的差异性逻辑会驱使人们不断地获取符号价值。对符号价值的需求或欲望将使人焦虑或痛苦，而每一次获取新的符号价值只能给人带来短暂的欢愉,而更加长久的是欢愉之后的精神虚无。也就是说,在符号化生存方式的笼罩下,符号消费会使人们陷入一种精神世界的虚无与贫乏的生存状态。总之,人的符号化生存方式的弊病在于它会导致物质世界丰富意义的丧失,精神世界的虚无与贫乏。鉴于人的符号化生存方式的上述这一弊病,在当今中国,也需要引导人们树立正确的人生观,抵制享乐主义、消费主义人生观。具体而言,要引导人们认识到人生的真正价值在于对社会的责任和贡献,而不是消费和享乐。此外,要引导人们抵制享乐主义、消费主义人生观。也就是说,要使人们不能一味地消费和享受,而要积极地用自己的智慧和力量来为社会的发展进步做出自己的贡献。

二、要协调消费与生产之间的关系,协调物质文明与政治文明、精神文明、生态文明之间的关系

在鲍德里亚消费社会思想的视域中,消费社会虽然在客观上带来了人们物质生活水平较为普遍的提高,但是在其内部,人的符号化生存方式存在着很多弊病。其中,主要的弊病之一表现为:从人与自然、人与社会关系的角度来看,在符号化生存方式的笼罩之下,人们对于符号物品的消费不断增长反过来推动其生产的不断增长,而符号物品的消费和生产的不断增长导致生态环境遭到严重破坏,进而阻碍经济社会的持续健康发展。

按照马克思的观点,完整的物质资料生产活动过程或宏观经济运行过程主要包括生产、分配、交换、消费四个相互连接、前后相继、不断循环的环节。其中,生产是起点,产品被生产出来后,在各社会成员之间分配,"分配决定产品归个人的比例";把分配得到的产品让渡给其他社会成员,以换回自己所需要的产品,就是交换;把交换得到的产品进行使用和消耗,用来满足自己的生活需要,这就是消费;消费是全过程的终点。在这四者之中,生产起着决定性的作用,它决定了分配、交换、分配三个环节。此外,在这四者的相互关系中,生产与消费的关系尤其值得关注。这两者之间的相互关系具体表现为:一方面,生产决定消费。具体而言,生产的性质和水平决定消费的性质和水平。另一方面,消费对于生产具有反作用。具体而言,消费是生产的目的和动力,消费反过来也影响着生产的发展。积极的消费会促进生产的发展,而萎靡的消费会阻碍生产的发展。如上所述,在符号化生存方式的笼罩之下,人们对于符号物品的消费不断增长反过来推动其生产的不断增长,而符号物品的消费和生产的不断增长导致生态环境遭到严重破坏,进而阻碍经济社会的持续健康发展。

鉴于此,要克服人的符号化生存方式的上述弊病,也可以从消费与生产的相互关系入手。具体而言,要防止人们过度的符号消费,以免这种过度的符号消费产生的废弃物等造成对生态环境的污染和破坏。与此同时,也要防止由上述这种过度的消费活动反过来推动符号商品生产的过度发展,从而造成资源的进一步过度消耗以及环境的进一步污染和破坏。也就是说,要统筹兼顾消费与生产并且协调平衡这两者的相互关系,尤其是要注重消费对生产的反作用。要通过防止过度的符号消费来防止过度的符号商品生产,进而防止过度的符号消费和符号商品生产对生态环境的污染和破坏。与此同时,也要统筹兼顾、平衡协调经济发展与环境保护。虽然符号消费的过度发展能够反过来推动符号商品生产的过度发展,进而推动经济的大幅增长。然而在上述经济增长的同时,生态环境的污染和破坏也日益严重。鉴于此,必须统筹兼顾、平衡协调经济发展与环境保护。就我国的现实状况而言,也就是要协调物质文明与生态文明之间的关系,实现这两方面的协调发展。也就是说,在推动经济不断发展的同时,也注重对生态环境的保护和治理,从而更加切实有效地推动我国经济高质量发展和生态文明建设事业发展。只有这样,才能为满足人民的美好生活需要创造充足的物质财富和良好的生态环境,从而不断改善人民生活,实现人民对美好生活的向往。与此同时,也需要协调物质文明与政治文明、精神文明的关系。因为前者与后两者之间也是紧密相连、相互影响的。只有协调好前者与后两者的关系,才能更加切实有效地促进物质文明与政治文明、精神文明建设,从而不断推进经济高质量发展、社会和谐稳定和文化繁荣昌盛,为满足人民的美好生活需要创造充足的物质财富、精神财富和良好的社会环境。总之,在我国经济社会发展的过程中,要协调消费与生产的关系,协调物质文明与政治文明、精神文明、生态文明之间的关系。

三、要在中国式现代化及其创造和展开的人类文明新形态中不断实现人民的美好生活

党的二十大报告指出,中国式现代化,是中国共产党领导的社会主义现代化,既有各国现代化的共同特征,更有基于自己国情的中国特色。这些特色包括如下五个:

其一,中国式现代化是人口规模巨大的现代化。我国十四亿多人口整体迈进现代化社会,规模超过现有发达国家人口的总和,艰巨性和复杂性前所未有,发展途径和推进方式也必然具有自己的特点。我们始终从国情出发想问题、作决策、办事情,既不好高骛远,也不因循守旧,保持历史耐心,坚持稳中求进、循序渐进、持续推进。

其二,中国式现代化是全体人民共同富裕的现代化。共同富裕是中国特色社会主义的本质要求,也是一个长期的历史过程。我们坚持把实现人民对美好生活的向往作为现代化建设的出发点和落脚点, 着力维护和促进社会公平正义,着力促进全体人民共同富裕,坚决防止两极分化。

其三, 中国式现代化是物质文明和精神文明相协调的现代化。物质富足、精神富有是社会主义现代化的根本要求。物质贫困不是社会主义,精神贫乏也不是社会主义。我们不断厚植现代化的物质基础,不断夯实人民幸福生活的物质条件,同时大力发展社会主义先进文化,加强理想信念教育,传承中华文明,促进物的全面丰富和人的全面发展。

其四,中国式现代化是人与自然和谐共生的现代化。人与自然是生命共同体,无止境地向自然索取甚至破坏自然必然会遭到大自然的报复。我们坚持可持续发展,坚持以节约优先、保护优先、自然恢复为主的方针,像保护眼睛一样保护自然和生态环境,坚定不移走生产发展、生活富裕、生态良好的文明发展道路,实现中华民族永续发展。

其五,中国式现代化是走和平发展道路的现代化。我国不走一些国家通过战争、殖民、掠夺等方式实现现代化的老路,那种损人利己、充满血腥罪恶的老路给广大发展中国家及人民带来深重苦难。我们坚定站在历史正确的一边、站在人类文明进步的一边,高举和平、发展、合作、共赢旗帜,在坚定维护世界和平与发展中谋求自身发展,以自身发展更好维护世界和平与发展。

此外,党的二十大报告指出,中国式现代化的本质要求是:坚持中国共产党领导,坚持中国特色社会主义,实现高质量发展,发展全过程人民民主,丰富人民精神世界,实现全体人民共同富裕,促进人与自然和谐共生,推动构建人类命运共同体,创造人类文明新形态。

正是因为中国式现代化的历史性实践具备了上述特色,并且遵循了上述本质要求,中国式现代化正在创造和展开一种人类文明新类型——人类文明新形态。中国式现代化是在中国共产党领导下,在中国的历史性实践基础上马克思主义、中国化时代化的马克思主义决定性推动的结果,而且是在独特的中华文明基础上发展出来的。基于此,中国式现代化具有完全不同于西方现代化的特色和内在规定性,也超越了西方现代化的局限,克服了西方现代化的弊病,因而中国式现代化创造和展开的人类文明新形态,也完全不同于西方现代化创造和展开的资本主义文明形态,也超越了资本主义文明形态的局限,克服了资本主义文明形态的弊病。而西方现代化和资本主义文明形态的根本逻辑是资本逻辑。资本逻辑的核心要义是不断追求资本的增殖。在西方现代化和资本主义文明形态中，人甚至都会沦为资本增殖的工具。因此，在资本逻辑驱动下的西方现代化和资本主义文明形态是难以实现人的美好生活的。而中国式现代化创造和展开的人类文明新形态始终秉持以人民为中心的价值立场，具有鲜明的人民性，能够实现人民的美好生活。

鲍德里亚消费社会思想揭示了人的符号化生存方式的弊病。然而该思想因其自身的理论局限而无法解决上述弊病。不过，上述问题仍然值得引起我们的警醒、反思和自省。基于反思上述弊病和该思想的理论局限，必须在中国式现代化及其创造和展开的人类文明新形态中不断实现人民的美好生活。

在鲍德里亚消费社会思想的视域中，人的符号化生存方式的主导逻辑是符号的差异性逻辑。而符号的差异性逻辑使人们陷入对商品符号价值的占有和消费，还使人们围绕对商品符号价值的占有和消费而日益分化，进而也使整个社会实质上的不平等更加严重。此外，在符号的差异性逻辑背后，在根本上起着主导作用的逻辑是资本逻辑。而资本逻辑也会导致整个社会的贫富差距日益扩大，最终出现日益严重的贫富两极分化。因此，人的符号化生存方式并不会缓解或从根本上消除整个社会内部不同阶层之间的贫富差距问题，甚至会成为不同阶层之间贫富差距日益扩大的"帮凶"，使贫富差距日益扩大的问题更加严重，进而难以实现广大民众的美好生活。而上述人的符号化生存方式所推波助澜的贫富差距扩大甚至是贫富两极分化问题，正是在鲍德里亚所揭示的晚期资本主义现代社会的问题。这一问题虽然是鲍德里亚消费社会思想无法解决的，但是值得引起我们的警醒。鉴于此，在我国全面建设社会主义现代化国家的进程中，必须始终坚持推进中国式现代化。在中国式现代化及其创造和展开的人类文明新形态中，必须始终坚持"中国式现代化是全体人民共同富裕的现代化"这一中国特色，着力推动全体人民共同富裕的道路逐步实现。

此外，在鲍德里亚消费社会思想的视域中，从人与自我的关系角度来看，人的符号化生存方式的弊病在于它也会导致物质世界丰富意义的丧失，精神世界的虚无与贫乏。由此可见，符号化生存方式并不能给人们带来幸福，反而会使人们陷入痛苦和虚无。上述这一问题是鲍德里亚消费思想无法解决的。然而它同样值得引起我们的反思。鉴于此，在当今中国的经济社会发展过程中，必须坚持物质文明和精神文明"两手抓，两手都要硬"。只有这样，才能实现人民的美好生活，给人民带来真正的幸福。而中国式现代化的特色之一在于它是物质文明和精神文明相协调的现代化。因此，在中国式现代化及其创造和展开的人类文明新形态中，应该而且能够实现上述这两个文明的协调发展，从而不断满足人民的美好生活需要，使人民实现真正的幸福。

另外，在鲍德里亚消费社会思想的视域中，在人的符号化生存方式的情形下，过度发展的符号消费活动及其反过来推动的过度发展的符号商品生产都会导致生态环境的污染和破坏日益严重，进而反过来威胁经济社会的持续健康以及人类的生存和发展。由此可见，上述这种人的符号化生存方式尤其是过度符号消费及其推动的过度符号商品生产，不利于经济社会的持续健康发展和实现人民的美好生活。尽管鲍德里亚消费社会思想无法解决这一问题，该问题同样需要引起我们的自省。鉴于此，在推动中国经济社会发展的过程中，必须着力推进经济社会的持续健康发展。而要实现这一点，就必须在推动中国经济社会发展的同时，注重对生态环境的治理和保护。换言之，就是要实现人与自然和谐共生。而中国式现代化的特色之一在于它是人与自然和谐共生的现代化。因此，要积极推进中国式现代化，始终坚持人与自然和谐共生，从而实现我国经济社会的持续健康发展和中华民族的永续发展。此外，就中国式现代化的核心和主体而言，中国现代化的核心和主体是人民。因此，在推进中国式现代化的过程中，也需要始终坚持以人民为中心,实现人民的美好生活需要。人民的美好生活需要不仅包括对美好物质文化生活的需要,也包括对于美好生态环境的需要。因此,中国式现代化是人与自然和谐共生的现代化,也有利于满足人民对美好生态环境的需要,进而促进实现人民的美好生活。由此可见,从实现人民美好生活需要的角度看,作为实现人与自然和谐共生的现代化,中国式现代化也有利于满足人民的美好生活需要。基于以上分析,在中国式现代化及其创造和展开的人类文明新形态中,要坚持中国式现代化是人与自然和谐共生的现代化这一特色,从而为实现人民的美好生活创造和保持良好的生态环境。

总之,基于当今中国的历史性实践,反思鲍德里亚消费社会思想的理论局限和人的符号化生存方式的弊病,结合中国现代化的鲜明特色和本质要求,就必须在中国式现代化及其创造和展开的人类文明新形态中不断实现人民的美好生活。

结　语

鲍德里亚对处于消费社会中的人的符号化生存方式的批判思想，主要是基于晚期资本主义社会的一个主要时代特征提出的。这个时代特征就是晚期资本主义社会是一个消费在其内部占据主导地位的社会。因此，鲍德里亚把晚期资本主义社会独特地指称为消费社会。通过对消费社会的审视，鲍德里亚敏锐地察觉到：对存在于消费社会中的人而言，其生存方式也出现了新的特征，这个特征主要就在于符号化。本书基于鲍德里亚本人的著作和国内外的有关研究成果，分析了处于消费社会中的人的符号化生存方式的主要表现，研究了处于消费社会中的人的符号化生存方式的形成原因，还探讨了处于消费社会中的人的符号化生存方式的救赎路径，也分析了鲍德里亚关于人的符号化生存方式救赎问题的后续思考。

鲍德里亚认为，在消费社会中，人的符号化生存方式主要表现在其生存实践的两个基本组成部分：生产活动和消费活动。首先，在其生产活动中，人的符号化生存方式的表现主要在于其生产活动的产品和过程符号化。也就是说，在消费社会中，人的生产活动的产品在某种意义上变为符号。与此同时，人的生产活动也必须依赖符号并且在符号的保护之下才能进行。换言之，人的生产活动被符号控制和支配。其次，在消费活动中，人的符号化生存方式的表现主要在于，人在消费活动中沦为符号的奴隶，并且人自己在消费活动中也成为一种特殊的符号。具体而言,在消费活动中,获得物品的符号价值成为人们的消费活动的主要目标, 符号的差异性逻辑也成为人们的消费活动的主导逻辑。与此同时,人沦为"消费者"这一普遍性的符号,甚至人的身体成为人自己消费的一种特殊符号。总之,在鲍德里亚看来,人的符号化生存方式是消费社会不同于以往社会的一个突出表征, 也是消费社会中人的生存实践方面的一个突出表征。其表现主要在于符号渗透到人生存实践的各个方面,进而支配和控制了人的全部生存实践。

鲍德里亚揭示的人沦为"消费者"这一普遍性的符号,甚至人的身体成为人自己消费的一种特殊符号, 可以说是他对处于消费社会中的人的符号化生存方式的批判思想中比较有创新性的两个方面。这两个方面正是人自己在消费活动中符号化的具体表现, 它们在某种程度上意味着人已经全面彻底地陷入符号化的生存方式之中,进而也预示着人在无法真正地实现对自身符号化生存方式的救赎。

在鲍德里亚看来,消费社会中人的符号化生存方式的形成与资本、技术和文化三个因素密切相关。

首先,资本是人的符号化生存方式形成的根源。其具体表现主要在于以下四个方面:其一,人的符号化生存方式形成的重要前提——"物"的丰盛。正是由于资本追求自身增殖的逻辑,在资本的运作下,资本主义社会才会出现生产相对过剩的状态。由此,整个社会的商品达到空前的、惊人的丰盛状态。在这种条件下,为了实现自身的增殖,资本通过广告等大众传媒诱导人们不断地进行消费,从而导致整个社会消费的不断增长。在这种不断增长的消费中,对于商品,人们也越来越看重其符号价值而非其使用价值。这样,人们在消费活动中就越来越被作为符号的商品支配和控制, 从而形成一种符号化的生存方式。其二,人的符号化生存方式形成的重要推手——广告。广告能够有效激发人们的消费需求,诱导和促进人们的消费行为,从而有力地推动消费社会的形成。与此同时,广告遵循一种自主化媒介的逻辑对商品的有关信息进行编码,进而将商品的符号价值和商品符号的差异性逻辑等信息在无形之中传递给观众。在广告的诱导和刺激下,对于商品,人们在消费过程中也更加看重其符号价值而非其使用价值。基于此,人们对商品的消费越来越变成一种对符号的消费。这样一来,人们的消费行为也越来越受到符号的支配和控制,人们也逐渐陷入一种符号化的生存方式之中。广告之所以能够成为消费社会以及人的符号化生存方式的重要推手,从根本上而言还是离不开资本的支持。其三,消费社会的主体是符号。对于消费社会而言,消费占据了其主导地位,而消费被符号支配和统治。由此,符号成为消费社会的主体。这正是人的符号化生存方式的一个具体表征和直接原因。符号之所以能够成为消费社会的主体,其根源是资本。由此推之,资本也是人的符号化生存方式形成的根源。其四,人的符号化生存方式形成的主导逻辑是符号的差异性逻辑。符号的差异性逻辑的核心内容就是符号的差异象征着人们社会地位的差别。具体而言,高端的符号就意味着优势的社会地位,低端的符号就意味着弱势的社会地位。在这种符号的差异性逻辑的驱使和刺激下,为了维持或提升自己的社会地位,人们就会源源不断地购买和消费高端的符号。符号差异性逻辑正是处于消费社会中的人的符号消费行为的一个主要的内在逻辑和动力机制,符号消费行为正是人的符号化生存方式的一个主要表现,符号差异性逻辑产生和存在的根源还是资本逻辑。由此推之,资本也是人的符号化生存方式形成的根源。

其次,技术对于人的符号化生存方式形成也具有重要的推动作用。技术的推动作用可以从生产领域和消费领域两个方面来分析。在生产领域中,技术的推动作用主要表现在以下四点:其一,生产领域的技术进步推动了消费物品的符号化。这就为人的符号消费活动提供了物质基础,进而为人的符号化生存方式的形成提供了物质基础。其二,生产领域的技术进步导致符号物品的差异更加细化。这就为符号的差异性逻辑提供了物质基础和发展动力，进而使符号的差异性逻辑能够更加有效地支配和控制人们的消费活动，从而推动人的符号消费活动的形成和发展，进而推动人的符号化生存方式的形成。其三，生产技术的革新推动了符号物品的更新换代。这就为人的符号消费活动的形成和发展提供了动力，进而有力地推动了人的符号化生存方式的形成。其四，生产技术的缺陷加快符号物品的损坏和消耗。这就为人的符号消费活动的发展提供了动力，进而推动了人的符号化生存方式的形成。总体而言，生产领域的技术进步对于人的符号化生存方式的推动作用主要表现在它为人的符号消费的形成和发展提供了物质基础和发展动力。在消费领域中，技术的推动作用主要表现在以下两点：其一，传媒技术引导和推动了人的符号消费活动的形成和发展；其二，先行消费的技术推动了人的符号消费活动的形成和发展。总之，消费领域的技术革新对于人的符号化生存方式的推动作用主要表现在，推动了人的符号消费活动的形成和发展。

最后，文化对于人的符号化生存方式的形成也具有一定的推动作用。文化的推动作用主要表现在以下三点：其一，先行消费的伦理带动了人的符号消费活动；其二，竞争的意识形态促进了人的符号消费活动；其三，自我完成的"哲学"推动了人的符号消费活动。而消费活动正是人的生存实践的一个基本组成部分，人的符号消费活动的形成也就意味着人的符号化生存方式的形成。基于此，既然上述三者推动了人的符号消费活动的形成和发展，那么它们也推动了人的符号化生存方式的形成。总体而言，文化对于人的符号化生存方式形成的推动作用主要表现在，推动了人的符号消费活动的形成和发展。

总之，在消费社会中，人的符号化生存方式的形成并不是一个简单的社会演进过程所产生的结果，而是资本、技术、文化等众多因素的共同作用所导致的一个客观结果。此外，人的符号化生存方式的形成也是各种主客观条件共同作用的一个客观结果。具体而言,资本、技术、文化是推动人的符号化生存方式形成的三个客观条件,而人自身的思想观念则是促进人的符号化生存方式形成的一个主观条件。正是由于资本、技术和文化等客观条件的作用和影响,再加上人在主观意识上将这些客观条件的作用和影响内化为自己的思想观念和行为习惯,从而导致人陷入一种符号化的生存方式。

在鲍德里亚看来,对于人而言,在其符号化生存方式中,符号渗透到其生存实践的各个方面,进而支配和控制了其全部生存实践,甚至也支配和控制了人自己。基于此,人的符号化生存方式将人封闭于一个符号化的世界之中,进而使人丧失了自己的主体性和创造性,束缚了人的生存实践的持续健康发展。由此推之,人的符号化生存方式在人浑然不觉之中对人实施了一种相对完美的犯罪。因此,它必须被救赎。

在鲍德里亚看来,消费社会以及其中存在的人的符号化生存方式无法实现对自身的救赎。他认为,对于消费社会而言,它就是自己的神话,在它的内部不存在其他任何真正的神话。它能够通过"消费"的神话来实现自我表达。与此同时,"消费"的神话也有其话语和反话语。其话语就是丰盛的歌颂性话语,反话语就是对消费社会弊端的批判性话语。这两种话语相互交织,共同构成了"消费"的神话,进而使消费社会内部达到了一种微妙、神奇的平衡状态,并且使消费社会也得以持续运行。也正是因为这样,消费社会自身无法真正克服自身带来的负面效应。与此同时,在消费社会中,人们沉迷于符号消费,无法摆脱符号化的生存方式。因此,要实现消费社会以及其中存在的人的符号化生存方式的救赎,就必须从消费社会和符号化生存方式之外来寻求路径。

在鲍德里亚看来,消费社会是一个消费在其中占据主导地位的社会。对于消费社会而言,其主体是符号,其主导逻辑是符号的差异性逻辑。正是在符号的操控和符号差异性逻辑的支配下,消费社会才会出现惊人的和不断增长的符号物品消费,进而人们才会陷入一种符号化的生存方式之中。从其深层的原因而言,在这惊人的和不断增长的符号物品消费背后起作用的深层原因和根本机制还是在于商品交换及其逻辑。此外,鲍德里亚认为,对于消费社会而言,其重要特征之一也在于商品交换逻辑在整个社会的普及。与此同时,这一逻辑也支配了社会生活的各个方面,不仅控制社会生产及其产品,也操纵社会文化和人际关系,甚至也支配个体的思想和行动。在商品交换逻辑的支配下,社会中的一切功能和需要都被操纵为功利性的话语,一切事物都被编排为可消费的符号商品。由此,在消费社会中,符号消费的行为也逐渐形成和发展,符号交换的逻辑也随之生成。另外,在消费社会中,还是由生产、分配、交换、消费四个主要环节构成,它们彼此衔接、互相依存、密不可分。因此,符号商品消费的不断增长也离不开符号商品交换的发展。基于此,消费社会以及其中存在的人的符号化生存方式背后的主要逻辑是商品交换的逻辑。鉴于此,为了实现消费社会以及其中存在的人的符号化生存方式的救赎,就必须突破商品交换的逻辑。商品交换的逻辑主要具有不可逆性、经济理性等特征。由于受到莫斯和巴塔耶等人有关思想的影响,鲍德里亚认为,象征交换具有可逆性、非现实性、非经济理性、互惠性、绝对性、不确定性等特征。正是因为象征交换具有以上这些特征,它才能突破商品交换的逻辑,进而才能成为人的符号化生存方式唯一可能的救赎路径。总之,鲍德里亚对处于消费社会中的人的符号化生存方式的救赎问题的主要观点就是,以象征交换作为人的符号化生存方式唯一可能的救赎路径。

就鲍德里亚的思想本身而言,他通过把符号学的有关理论纳入对处于消费社会中的人的生存方式的批判,由此形成了自己独特而完整的对处于消费社会中的人的符号化生存方式批判的思想。客观而言,这一思想具有一定的创新性,不过仍然存在一定的理论缺陷,这个理论缺陷主要就在于,它提出的消费社会中人的符号化生存方式的救赎路径——象征交换在晚期资本主义社会并不具有很大的可行性。这是因为,在晚期资本主义社会中,主导整个社会运行过程的还是资本逻辑。在资本逻辑的操纵下,商品交换在整个晚期资本主义社会中依然大行其道。此外,鲍德里亚别出心裁地从符号学的角度来阐释晚期资本主义社会的消费现象,指出消费的主角是符号,消费的主导逻辑是符号的差异性逻辑。然而就其本质而言,符号并不是空洞的符号,它仍然是商品,因而也不得不受到商品交换的价值规律的支配和控制。与此同时,符号的差异性逻辑没有真正地超越资本逻辑,符号在某种程度上是资本的一种具体表现,并且依然要受到资本的支配和影响。总之,在晚期资本主义社会中,资本逻辑依然是整个社会的主导逻辑,商品交换依然大行其道。鉴于这种现实,他提出以象征交换作为消费社会中人的符号化生存方式的救赎路径就好像是一种乌托邦式的幻想。

事实上,在其晚年,上述这一理论缺陷在某种程度上也被他自己察觉。因此, 他完全改变了之前以象征交换作为处于消费社会中的人的符号化生存方式的唯一救赎路径的观点, 对人的符号化生存方式的救赎问题的认识变得比较消极。在晚年的鲍德里亚看来,正是由于客体的隐性报复与水晶复仇、客体的致命策略,以及技术的自动化主义愈演愈烈,消费社会最终的结局可能是走向终结。既然消费社会的存在都成为问题,那么消费社会中人的符号化生存方式也必将不复存在。另外,由于电子计算机技术、基因技术、控制论科学、传播媒介技术等现代科技的发展,符号在某种程度上已经成为一种拟像。这种作为拟像的符号是一种超真实之物,并且不断地渗透到社会生活的各个方面,从而支配和控制了整个社会生活。由此,人的生存实践处于作为拟像的符号的支配和控制之下,进而人难以摆脱符号化的生存方式。鲍德里亚晚期思想的转变体现了一种悲观主义的理论倾向。他对处于消费社会中的人的符号化生存方式的批判思想, 在某种程度上也沦为消费社会以及其中存在的人的符号化生存方式的共谋。

此外，鲍德里亚对处于消费社会中的人的符号化生存方式的批判思想与当代西方社会批判理论也具有一定的关系。这一点尤其明显地体现在两者对社会的生产与消费的批判上。首先，就其共同点而言，两者都属于对西方社会进行批判的理论。其次，就其不同点而言，两者的不同点主要表现在如下两个方面：其一，两者对生产与消费问题的观点有所不同。当代西方社会的批判理论对生产与消费问题的基本观点主要包括如下三点：一是消费与生产之间的二元对立存在于资本主义社会的经济运行过程中；二是真实需求与虚假需求之间的对立存在于人们的日常消费中；三是在资本主义经济的运行过程中，相对于消费而言，生产具有优先性。然而对于生产与消费问题，鲍德里亚持有不同于当代西方社会的批判理论。具体而言，鲍德里亚认为，在晚期主义社会中，生产与消费之间的二元对立不复存在。因为这两者在符号的支配和控制之下实现了统一。与此同时，人们的需求都是在符号的差异性逻辑的驱使和大众传媒的诱导下产生的对符号价值的需求。在这样的情况下，需求的真实与虚假无法区分。另外，对于生产与消费而言，一方并不具有相对于另一方的优先性。这是因为，在符号的支配和控制之下，它们两者之间具有了统一性。其二，鲍德里亚的批判思想与当代西方社会批判理论对社会批判的方式不同。具体而言，鲍德里亚的批判思想对社会的批判是基于批判虚拟存在的符号来进行的。因此，这种批判在某种意义上可以被称作虚拟批判。当代西方社会批判理论对社会的批判是基于批判现实存在的物来批判社会，因而这种批判在某种意义上可以被称作现实批判。在某种意义上，从现实批判到虚拟批判的转变说明了如下事实：随着社会异化程度的加深，对社会的批判也从对物的批判深化为对符号的批判。基于这样的认识，鲍德里亚运用符号学理论来剖析晚期资本主义社会，进而在此基础上形成了对处于消费社会中的人的符号化生存方式的批判思想，这在某种意义上就体现了相对于当代西方社会批判理论的一个飞跃。

此外，鲍德里亚对处于消费社会中的人的符号化生存方式的批判思想不能简单地被归入后现代主义流派。这是因为，他的这一思想论述的中心议题还是人的现代性生存方式批判。就其论述的中心议题而言，鲍德里亚对处于消费社会中的人的符号化生存方式的批判思想在某种意义上也可以归结为一种对作为人的现代性生存方式重要组成部分的人的"物义论"生存方式的批判思想。这是因为，作为人的现代性生存方式重要组成部分的人的"物义论"生存方式的一个主要表现就在于，人的生存实践被人自己制造的、作为客体的物（资本、商品、技术等）控制和支配，而鲍德里亚这一批判思想的主要内容就是批判人的生存实践被符号这种人自己制造的、作为客体的特殊物支配和控制。也就是说，在鲍德里亚这里，人的"物义论"生存方式中的主角是符号。虽然不同于以往外国哲学家关于人的"物义论"生存方式的批判思想指向的资本、商品和技术，但是符号在其本质上还是属于一种人自己制造的、作为客体的特殊物。

总之，鲍德里亚对处于消费社会中的人的符号化生存方式的批判思想，在某种意义上可以说属于对人的现代性生存方式的批判思想。基于此，虽然鲍德里亚被国内外大多数学者认定为后现代主义流派的一个著名外国哲学家，但是他又不能被简单地认定为一位后现代主义哲学家。诚然，这一思想具有反主体主义、反形而上学等后现代主义流派具备的两个普遍性的理论特征。基于这些特征，鲍德里亚可以被认定为一位后现代主义哲学家。然而就他关于人的符号化生存方式的批判思想而言，他的这一哲学思想在很大程度上仍然属于对人的现代性生存方式的批判思想。

在鲍德里亚对处于消费社会中的人的符号化生存方式的批判思想中，后现代主义的形式特征与人的现代性生存方式批判的实质内容相互交织在一起。基于此，如果只将鲍德里亚认定为一个后现代主义哲学家，或只强调他关于人的现代性生存方式的批判思想都是不完全恰当的。对鲍德里亚哲学思想的定位,要把其主要内容和具体形式结合起来考察。此外,对于一个哲学家所属思想流派的判定,不能仅仅根据其所处的历史时期来作出,而应该根据其思想的中心议题和主要内容来作出。基于这一点认识,虽然鲍德里亚所处的历史时期主要是晚期资本主义社会或国内外大多数学者指称的后现代社会,但是不能仅仅根据他生活所在的主要历史时期就简单、草率地把他的哲学思想归入后现代主义流派。鲍德里亚对处于消费社会中的人的符号化生存方式的批判思想,与以往一些外国哲学家关于人的现代性生存方式的批判思想有着不容忽视的关联。因此,必须看到他的这一哲学思想中的一个中心议题和主要内容就在于,以符号为切入点对人的现代性生存方式的批判。此外,这一思想中的某些部分还具有一些代码形而上学的理论特征。具体而言,鲍德里亚晚年对于新型仿象的数字性符号代码支配整个晚期资本主义社会或后工业社会运行的思想观点也具有形而上学的特征。在他看来,形而上学的理论形态与人类社会发展的历史时期相互对应:存在和现象的形而上学与古代社会相互对应,能量和决定论的形而上学与现代社会相互对应,非决定论和代码的形而上学与晚期资本主义社会或后工业社会相互对应。基于此,他认为,一种新型的形而上学形成于晚期资本主义社会或后工业社会中,这就是代码的形而上学。在代码的形而上学中,代码成为晚期资本主义社会或后工业社会的主宰:它支配和控制了整个社会的各个方面,也支配和控制了人的生存实践。由此推之,鲍德里亚对处于消费社会中的人的符号化生存方式的批判思想在某种程度上又违背了反形而上学的特征,反而具有了形而上学的特征。总之,鲍德里亚的这一思想还是比较复杂的,不应该简单地被归入诸如后现代主义的某一个理论派别,也不应该被简单地贴上某一种具体的理论立场的标签。

就鲍德里亚对处于消费社会中的人的符号化生存方式的批判思想是否应该被归入后现代主义流派这个理论问题而言,或许利奥塔的某些观点也可以提供一些理论参考和借鉴。利奥塔指出："后现代主义是现代主义的新生状态。"①由此可见，他认为，后现代主义就是在现代主义的基础上形成的，它是由现代主义发展而来的一个新事物。或者也可以说，后现代主义也是一种特殊的现代主义，它是以新状态出场的现代主义。甚至他还明确指出："后现代主义是现代主义的一部分。"②由此可见，他认为，现代主义与后现代主义之间的关系是一种整体与部分的关系。后现代主义也可以被纳入现代主义的范围。总之，在利奥塔看来，后现代主义既可以被看作在现代主义基础上发展而来的、一种以新状态出场的现代主义，也可以被看作内在地包含在现代主义这个整体中的一部分。简而言之，后现代主义与现代主义之间存在密切的关联。如果刻意地强调这两者之间的差异或者把这两者割裂开来研究，就显得不太合适了。根据利奥塔的以上这些思想观点，后现代主义就是一种特殊的现代主义，后现代主义与现代主义之间并不存在不可调和的矛盾或者截然不同的差异。鉴于此，鲍德里亚对处于消费社会中的人的符号化生存方式的批判思想既可以被归入后现代主义流派，也可以被归入现代主义流派。如果必须把鲍德里亚的这一思想归入某一个流派，那么把这一思想归入现代主义流派或许更加合适一些。甚至也可以说，鲍德里亚对处于消费社会中的人的符号化生存方式的批判思想是否应该被归入后现代主义流派这个理论问题，似乎没有必要被讨论。

此外，如果论及它的存在论承诺这个问题，那么鲍德里亚对处于消费社会中的人的符号化生存方式的批判思想的存在论承诺或许可以归结为如下两个方面：其一，商品的符号价值和符号的差异性逻辑是客观存在的；其二，人们需要商品的符号价值并且认同符号的差异性逻辑。这两个方面是密切

---

① ［法］让-弗朗索瓦·利奥塔：《后现代性与公正游戏：利奥塔访谈、书信录》，谈瀛洲译，上海人民出版社，2018年，第116页。

② 同上，第118页。

相连、不可或缺的。具体而言,商品的符号价值在于它是人们社会地位的象征。符号的差异性逻辑的核心要义在于,不同的符号象征着人们不同的社会地位。只有这两方面是客观存在的,鲍德里亚对人的符号化生存方式的批判思想才具有存在论上的前提和基础。与此同时,人们需要商品的符号价值来维持或提升自己的社会地位,并且人们也认同符号的差异性逻辑。这样,商品的符号价值和符号的差异性逻辑才能支配和控制人们的生存实践,从而使人陷入一种符号化的生存方式中。

另外,对于鲍德里亚消费社会思想,应该进行辩证评析。通过对它进行辩证评析,可以发现其理论局限和理论价值。其理论局限主要在于,它在本质上是一种西方的现代性意识形态,也体现在它对马克思政治经济学批判理论存在严重的误读,以及并不能根除晚期资本主义社会或消费社会的弊病。其理论价值主要在于它对过度消费或消费社会的负面现象有批判,而这种批判对于防止消费异化等负面现象具有启发和借鉴作用。

此外,为了更加切实有效地反思鲍德里亚消费社会思想以得出现实启示,还是有必要揭露鲍德里亚消费社会思想视域中人的符号化生存方式的弊病,这些弊病主要包括:

其一,导致生态环境遭到严重破坏,进而阻碍经济社会的持续健康发展。具体而言,在鲍德里亚看来,消费社会虽然在客观上比较普遍地提高了人们的物质生活水平,但是在其内部存在很多问题。其中一个严重的问题就是,人们对于符号物品的消费不断增长反过来推动其生产的不断增长,而符号物品的消费和生产的不断增长导致生态环境遭到严重破坏,进而阻碍经济社会的持续健康发展。与此同时,在人的符号化生存方式的笼罩下,人们消费的主要目标是获取物品的符号价值。物品符号价值的逻辑在于符号的差异性逻辑。该逻辑的要义在于符号物品的档次差异象征着人们社会地位的阶层差别。在符号的差异性逻辑的驱使下,为了维持或提升自己的社会地位,人们就会不断地消费符号物品,从而导致符号物品消费的不断增长。符号物品消费的不断增长又会反过来推动符号物品生产的不断增长,而符号物品的消费和生产的不断增长会导致生态环境会遭到严重破坏,进而经济的持续健康发展也会因此受到阻碍。此外,在人的符号化生存方式的笼罩下,先行消费往往与符号物品的消费相伴而行。先行消费在某种程度上是一种特殊的符号物品消费,只是它不是以人们现实的购买力为基础,而是以人们对自己未来预期的经济收入为条件。具体而言,人们先通过贷款等方式获得资金来购买和消费符号物品,然后再用自己取得的收入来偿还贷款。客观而言,虽然先行消费能够在一定程度上刺激整个社会生产的发展,但是其不断增长会给经济发展带来巨大的潜在风险,从而难以推动经济的持续健康发展。

其二,导致人与人之间的矛盾冲突加剧或者社会内部各群体之间的区隔和不平等愈加严重。在鲍德里亚看来,消费社会在社会思潮方面的一个突出现象就是在消费领域中普遍存在的竞争的意识形态。这种竞争的意识形态的主要内容是通过相对自由地选择和消费一些与他人占有和消费的物品不同的物品或者别人不曾占有或消费的物品,从而使自己与他人区分开来。这种区分主要是指一种社会地位上的区分,这种区分的关键在于获得和保持超越于他人的社会地位。而在消费社会中,人们所注重的消费物品的价值更加主要地不是在于其使用价值,而是在于它们象征着人们的社会地位,这在某种程度上就意味着这些物品变为一种符号。因此,人们对于这些物品的消费在某种意义上也就是对于符号的消费。而正是在这种竞争的意识形态的驱使之下,为了使自己在社会地位方面与他人区分开来,人们才会不断地进行对符号的消费,从而推动对符号的消费活动在整个社会中的愈演愈烈、不断扩张。与此同时,人们越来越深地陷入对符号的消费活动而无法自拔。这意味着人们在消费活动中越来越深地陷入符号化的生存方式。

　　总之,在消费社会中,竞争的意识形态助长和推动了人的生存方式的符号化。在鲍德里亚消费社会思想的视域中,由于处于符号化生存方式的情形下,人们在消费活动中都受到符号的差异性逻辑的驱使和控制,进而整个社会中竞争的意识形态不仅不会削弱,反而会在人们日常的消费活动中不断得到强化。在这种意识形态的影响下,每个人心目中会形成在对符号的消费活动方面与他人进行竞争的意识,以及通过对符号的消费活动来使自己与他人区分开来的观念,并且会在这种意识和观念的影响下不断地进行对符号的消费活动。进而人们在对符号的消费活动中只会越陷越深,在对符号的消费活动方面与他人进行的竞争也会愈演愈烈。这样,长此以往,整个社会可能就会因为上述人们在对符号的消费活动方面进行竞争的意识和通过对符号的消费活动来使自己与他人区分开的观念而划分为不同的阶层,进而也会导致人与人之间的矛盾冲突加剧或者社会内部各群体之间的区隔和不平等愈加严重,也不利于整个社会的和谐稳定、健康发展。

　　其三,导致物质世界丰富意义的丧失,精神世界的虚无与贫乏。具体而言,在符号化生存方式的情形之下,人们的消费活动主要是在符号的差异性逻辑下展开。符号的差异性逻辑会使人们在消费活动中主要注重追求商品的符号价值,而不注重商品本身的使用价值。由此,商品本身的价值和意义就被人们忽略了。这会导致物质世界的丰富意义在一定程度和范围的丧失。与此同时,在符号差异性逻辑的主导下,人们的消费活动主要相当于一种符号消费。在这样的消费活动中,人们的主要目标是获取商品的符号价值。也就是说,人们所有的消费活动都在符号差异性逻辑的主导下,围绕符号价值而进行。由此,消费活动本身的价值和意义被忽视和抹杀了,消费活动的丰富、鲜活的过程也被忽视了。符号的差异性逻辑驱动人们不断地获取符号价值。对符号价值的需求或欲望将使人焦虑或痛苦,而每一次获取新的符号价值只能给人带来短暂的欢愉,而更加长久的是欢愉之后的精神虚无。也就是说,在符号化生存方式的情形下,符号消费会使人们陷入一种精神世界的虚无与贫乏的生存状态。也就是说,在消费社会中,由于人都受到符号化生存方式的支配和控制,不仅消费主要表现为符号消费或者对商品符号价值的消费,而且消费已经丧失了其本身丰富的价值和意义。基于上述分析和认识,符号消费并不能给人们带来真正的幸福或快乐;反之,它甚至会造成或加剧人们精神世界的虚无、贫乏、焦虑、痛苦。总之,在人的符号化生存方式的笼罩下,符号消费会导致物质世界丰富意义的丧失,精神世界的虚无与贫乏。

结合当今中国的社会现实,通过反思鲍德里亚消费社会思想的局限、贡献,以及该思想视域中人的符号化生存方式的弊病,可以得出如下现实启示:在当下中国,我们应当在整个社会中宣传和弘扬科学的人生观和合理的消费观,进而引导人们树立合理的消费观和科学的人生观,让消费成为经济持续健康发展的巨大推动力。与此同时,要协调消费与生产之间的关系,协调物质文明与政治文明、精神文明、生态文明之间的关系。只有这样,才能为满足人民的美好生活需要创造充足的物质财富、精神财富和良好的社会环境、生态环境,从而不断改善人民生活,实现人民对美好生活的向往。此外,也要在中国式现代化及其创造和展开的人类文明新形态中不断实现人民的美好生活,让人民共享中国式现代化的成果。

参考文献

一、鲍德里亚著作

(一)中文译著

[1] [法]让·鲍德里亚:《生产之镜》,仰海峰译,中央编译出版社,2005年。

[2] [法]让·鲍德里亚:《符号政治经济学批判》,夏莹译,南京大学出版社,2009年。

[3] [法]让·鲍德里亚:《象征交换与死亡》,车槿山译,译林出版社,2012年。

[4] [法]让·鲍德里亚:《消费社会》,刘成富、全志刚译,南京大学出版社,2014年。

[5] [法]让·博德里亚尔:《完美的罪行》,王为民译,商务印书馆,2014年。

[6] [法]让·波德里亚:《美国》,张生译,南京大学出版社,2011年。

[7] [法]让·波德里亚:《致命的策略》,刘翔、戴阿宝译,南京大学出版社,2015年。

[8] [法]尚·布希亚:《物体系》,林志明译,上海人民出版社,2001年。

(二)外文原著

[1] Jean Baudrillard, *The Mirror of Production*, trans. Mark Poster, ST.

Louis:Telos Press,1975.

[2] Jean Baudrillard,*For a Critique of the Political Economy of the Sign*, trans. Charles Levin,St. Louis:Telos Press,1981.

[3] Jean Baudrillard,*In the Shadow of the Silent Majorities*,trans. Paul Foss,John Johnston and Paul Patton,New York:Semiotext(e),1983.

[4] Jean Baudrillard,*The Symbolic Exchange and Death*,trans. Lain Hamilton Grant,London:Sage Publications,1993.

[5] Jean Baudrillard,*Simulacra&Simulation*,trans. Sheila Faria Glaser, Ann Arbor:University of Michigan Press,1994.

[6] Jean Baudrillard,*The System of Objects*,trans. James Benedict,London – New York:Verso,1996.

[7] Jean Baudrillard,*The Perfect Crime*,trans. Chris Turner,London – New York:Verso,1996.

[8] Jean Baudrillard,*The Consumer Society*,trans. George Ritzer,London: Sage Publications,1998.

二、相关研究文献

（一）中文文献

[1]《马克思恩格斯选集》（第一卷），人民出版社,2012 年。

[2]《马克思恩格斯文集》（第一卷），人民出版社,2009 年。

[3]《马克思恩格斯文集》（第八卷），人民出版社,2009 年。

[4][美]艾里希·弗洛姆:《健全的社会》,孙恺祥译,上海译文出版社, 2018 年。

[5][美]埃里希·弗洛姆:《占有还是存在》,李穆等译,世纪图书出版公司北京分公司,2015 年。

［6］［法］贝尔纳·斯蒂格勒：《技术与时间》（第二卷），赵和平、印螺译，译林出版社，2010年。

［7］［法］贝尔纳·斯蒂格勒：《技术与时间》（第一卷），裴程译，译林出版社，2000年。

［8］陈立新：《鲍德里亚消费社会理论存在论上的启示》，《哲学动态》，2008年第1期。

［9］陈昕：《消费文化：鲍德里亚如是说》，《读书》，1999年第8期。

［10］戴阿宝：《终结的力量——鲍德里亚前期思想研究》，中国社会科学出版社，2006年。

［11］［美］丹尼尔·贝尔：《资本主义文化矛盾》，严蓓雯译，江苏人民出版社，2007年。

［12］［美］道格拉斯·凯尔纳：《波德里亚：批判性的读本》，陈维振等译，江苏人民出版社，2005年。

［13］［瑞士］费尔迪南·德·索绪尔：《普通语言学教程》，刘力译，中国社会科学出版社，2009年。

［14］［美］弗雷德里克·詹明信：《晚期资本主义的文化逻辑》（第2版），张旭东编，陈清侨、严锋译，生活·读书·新知三联书店，2013年。

［15］高亚春：《符号与象征：波德里亚消费社会批判理论研究》，人民出版社，2007年。

［16］韩淑梅、刘同舫：《鲍德里亚消费异化批判的视角及其理论局限》，《社会科学研究》，2018年第5期。

［17］［美］赫伯特·马尔库塞：《单向度的人——发达工业社会意识形态研究》，李凤华译，上海译文出版社、重庆出版社，2016年。

［18］［法］亨利·列斐伏尔：《日常生活批判》（全三卷），叶齐茂、倪晓辉译，社会科学文献出版社，2018年。

[19] 胡大平:《在商品生产之外寻找革命的落脚点——20世纪西方马克思主义之社会批判的逻辑转向和意义》,《马克思主义与现实》,2009年第5期。

[20] 季桂保:《博德里拉的"消费社会"批判理论述评》,《国外社会科学》,1999年第2期。

[21] 贾淑品:《马克思拜物教思想与劳动异化理论的历史与逻辑》,《上海师范大学学报(哲学社会科学版)》,2019年第4期。

[22] [法]居伊·德波:《景观社会》,张新木译,南京大学出版社,2017年。

[23] 孔明安:《鲍德里亚是一个后现代主义者吗？——兼论现代技术与后现代的关系》,《现代哲学》,2008年第6期。

[24] 孔明安:《从物的消费到符号消费——鲍德里亚的消费文化理论研究》,《哲学研究》,2002年第11期。

[25] 孔明安:《物·象征·仿真——鲍德里亚哲学思想研究》,安徽师范大学出版社,2010年。

[26] 蓝江:《对象-物、符号-物、价值-物——对鲍德里亚的objet概念的辨析》,《现代哲学》,2013年第2期。

[27] 刘翠霞:《社会何以终结？——鲍德里亚关于消费社会的论证逻辑》,《南通大学学报(社会科学版)》,2014年第5期。

[28] 刘怀玉、伍丹:《消费主义批判:从大众神话到景观社会——以巴尔特、列斐伏尔、德波为线索》,《江西社会科学》,2009年第7期。

[29] 刘同舫:《象征交换:鲍德里亚超越符号消费社会的解放策略》,《广东社会科学》,2016年第4期。

[30] [匈]卢卡奇:《历史与阶级意识》,杜章智等译,商务印书馆,2017年。

[31] [法]罗兰·巴尔特:《显义与晦义——文艺批评文集之三》,怀宇译,

中国人民大学出版社,2007 年。

[32][法]罗兰·巴特:《流行体系:符号学与服饰符码》,敖军译,上海人民出版社,2000 年。

[33][德]马丁·海德格尔:《海德格尔文集:演讲与论文集》,孙周兴译,商务印书馆,2018 年。

[34][德]马丁·海德格尔:《同一与差异》,孙周兴等译,商务印书馆,2011 年。

[35][美]马克·波斯特:《第二媒介》,范静晔译,南京大学出版社,2000 年。

[36][德]马克思:《1844 年经济学哲学手稿》,刘丕坤译,人民出版社,1979 年。

[37][德]马克思:《资本论》(第一至三卷),人民出版社,2018 年。

[38][德]马克斯·霍克海默、西奥多·阿多诺:《启蒙辩证法——哲学断片》,渠敬东、曹卫东译,上海人民出版社,2006 年。

[39][德]马克斯·韦伯:《新教伦理与资本主义精神》,刘修建、张云江译,九州出版社,2009 年。

[40][法]马塞尔·莫斯:《礼物》,汲喆译,商务印书馆,2016 年。

[41][法]皮埃尔·布尔迪厄:《区分——判断力的社会批判》(全两册),刘晖译,商务印书馆,2016 年。

[42][美]瑞安·毕晓普、[美]道格拉斯·凯尔纳:《波德里亚:追思与展望》,戴阿宝译,河南大学出版社,2008 年。

[43][法]让–弗朗索瓦·利奥塔:《后现代性与公正游戏:利奥塔访谈、书信录》,谈瀛洲译,上海人民出版社,2018 年。

[44]盛宁:《鲍德里亚·后现代·社会解剖学》,《读书》,1996 年第 8 期。

[45]盛宁:《危险的让·鲍德里亚》,《读书》,1996 年第 10 期。

[46]［美］索尔斯坦·邦德·凡勃伦:《有闲阶级论》,李凤华译,中国人民大学出版社,2017年。

[47] 唐正东:《"消费社会"的解读路径:马克思的视角及其意义——从西方马克思主义消费社会观的方法论缺陷谈起》,《学术月刊》,2007年第6期。

[48]［德］瓦尔特·本雅明:《机械复制时代的艺术作品》,王才勇译,中国城市出版社,2002年。

[49] 汪德宁:《超真实的符号世界——鲍德里亚思想研究》,中国社会科学出版社,2016年。

[50] 汪正龙:《从政治经济学批判到符号政治经济学批判——对马克思、列斐伏尔与鲍德里亚关系的一个考察》,《西南民族大学学报(人文社会科学版)》,2014年第1期。

[51] 王昶:《商品拜物教之镜——让·鲍德里亚和晚期资本主义文化》,《当代电影》,1999年第2期。

[52] 王纵横:《哲学与当代中国的消费社会问题》,《北京大学学报(哲学社会科学版)》,2015年第6期。

[53] 吴宁:《日常生活批判——列斐伏尔哲学思想研究》,人民出版社,2007年。

[54] 吴琼:《雅克·拉康——阅读你的症状》(上),刘力译,中国社会科学出版社,2010年。

[55] 夏莹:《鲍德里亚的"hyper-"概念群及其对现代性理论的极限演绎》,《世界哲学》,2017年第6期。

[56] 徐崇温:《"西方马克思主义"》,天津人民出版社,1982年。

[57] 徐琴:《鲍德里亚消费社会理论的意义与局限》,《哲学研究》,2009年第5期。

[58] 闫方洁:《西方新马克思主义的消费社会理论研究》,上海人民出版

社,2012年。

[59] 杨宏祥、庞立生:《人的生存方式的现代性批判——基于马克思、尼采、海德格尔》,《延边大学学报(社会科学版)》,2017年第3期。

[60] 杨威:《超然物外——巴塔耶耗费思想探要》,中国社会科学出版社,2016年。

[61] 仰海峰:《拜物教批判:马克思与鲍德里亚》,《学术研究》,2003年第5期。

[62] 仰海峰:《符号之镜》,北京师范大学出版社,2018年。

[63] 仰海峰:《物的嘲讽与主体消亡的宿命:鲍德里亚的思想主题》,《国外社会科学》,2014年第5期。

[64] 仰海峰:《消费社会与历史唯物主义的理论拓展》,《河北学刊》,2005年第3期。

[65] 仰海峰:《走向后马克思:从生产之镜到符号之镜——早期鲍德里亚思想的文本解读》,中央编译出版社,2004年。

[66] 营立成:《"物"的逻辑VS"人"的逻辑——论鲍德里亚与鲍曼消费社会理论范式之差异》,《社会学评论》,2016年第5期。

[67] [德]尤尔根·哈贝马斯:《作为"意识形态"的技术与科学》,李黎、郭官义译,学林出版社,1999年。

[68] 余源培:《评鲍德里亚的"消费社会理论"》,《复旦学报(社会科学版)》,2008年第1期。

[69] 张天勇:《社会符号化——鲍德里亚的另一个研究视角》,《哲学动态》,2008年第1期。

[70] 张天勇:《问题承接与范式转换:鲍德里亚思想的深层逻辑》,《国外理论动态》,2017年第2期。

[71] 张一兵:《不可能的存在之真——拉康哲学映像》,商务印书馆,

2006 年。

[72] 张一兵:《反鲍德里亚—— 一个后现代学术深化祛序》，商务印书馆,2009 年。

[73] 张一兵:《拟真与对当代资本象征统治的反抗——鲍德里亚〈象征交换与死亡〉解读》,《社会科学研究》,2009 年第 2 期。

[74] 张一兵:《青年鲍德里亚与莫斯-巴塔耶的草根浪漫主义》,《东南学术》,2007 年第 1 期。

[75] 张一兵:《消费意识形态:符码操控中的真实之死——鲍德里亚的〈消费社会〉解读》,《江汉论坛》,2008 年第 9 期。

[76] 张一兵:《以死亡反对死亡:作为理论恐怖主义者的鲍德里亚——鲍德里亚〈象征交换与死亡〉解读》,《南京社会科学》,2008 年第 8 期。

[77] 张异宾:《我拟真故我在:鲍德里亚的理论逻辑转换》,《哲学动态》,2008 年第 1 期。

[78] 朱晓虹:《西方消费理论的问题所在——对鲍德里亚为代表的符号消费的马克思主义剖析》,《毛泽东邓小平理论研究》,2015 年第 9 期。

(二)外文文献

[1] Arthur Kroker, Marilouise Kroker, *Body Invaders: Sexuality and the Postmodern Condition*, Hampshire: Macmillan Education UK, 1988.

[2] Arthur Kroker, Marilouise Kroker, David Cook, *Panic Encyclopedia: The Definitive Guide to the Postmodern Scene*, Hampshire: Macmillan Education UK, 1989.

[3] Anne O'Byrne, Hugh J. Silverman, *Subjects and Simulations: Between Bau drillard and Lacoue -Labarthe*, Lanham, Boulder, New York and London: Lexington Books, 2015.

[4] Amirhosein Khandizaji, *Baudrillard and the Culture Industry: Return-*

ing to the First Generation of the Frankfurt School, Springer International Publishing, 2017.

〔5〕Baz Kershaw, *The Radical in Performance: Between Brecht and Baudrillard*, London and New York: Routledge, 1999.

〔6〕Chris Rojek, Bryan Turner, *Forget Baudrillard?*, London and New York: Routledge, 1993.

〔7〕Chris Horrocks, Zoran jevtic, *Introducing Baudrillard*, Cambridge: Icon Books UK, 1997.

〔8〕David Cook, Arthur Kroker, *The Postmodern Scene: Excremental Culture and Hyper-Aesthetics*, New York: St. Martin's Press, 1986.

〔9〕Douglas Kellner, *Jean Baudrillard: From Marxism to Postmodernism and Beyond*, Stanford: Stanford University Press, 1990.

〔10〕Douglas Kellner, Jean Baudrillard after Modernity: Provocations on a Provocateur and Challenger, *International Journal of Baudrillard Studies*, January, 2006.

〔11〕David B. Clarke, Marcus Doel, William Merrin, Richard G. Smith, *Jean Baudrillard: Fatal Theories*, London and New York: Routledge, 2008.

〔12〕Erich Fromm, *To Have or To Be*, London and New York: Continuum, 1976.

〔13〕Fredric Jameson, *Postmodernism, or, The Cultural Logic of Late Capitalism*, Durham: Duke University Press, 1991.

〔14〕G.A Cohen, *Karl Marx's Theory of History: A Defence*, Oxford: Oxford Universty Press, 1978.

〔15〕Georges Bataille, Robert Hurley, *The Accursed Share*, Volume I: Consumption, New York: Zone Books, 1988.

[16] Gary Genosko, *Baudrillard and Signs: Signification Ablaze*, London and New York: Routledge, 1994.

[17] Gary Genosko, *The Uncollected Baudrillard*, London, Thousand Oaks and New Delhi: SAGE Publications, 2001.

[18] Guy Debord, *Society of the Spectacle*, trans. Ken Knabb, London: Aldgate Press, 2005.

[19] Herbert Marcuse, *An Essay on Liberation*, Boston: Beacon Press, 1969.

[20] Henri Lefebvre, *Everyday Life in the Modern World*, trans. Sacha Robinovitch, New York: Harper&Row, 1971.

[21] Henri Lefebvre, *Critique of Everyday Life*, VOLUME I, trans. John Moore, London and New York: Verso, 1991.

[22] Henri Lefebvre, *Critique of Everyday Life*, VOLUME II: Foudations for a Sociology of Everyday, trans. John Moore, London and New York: Verso, 2002.

[23] Ian Almond, *The New Orientalists: Postmodern Representations of Islam from Foucault to Baudrillard*, London and New York: I. B. Tauris, 2007.

[24] John Fekete, *Life After Postmodernism: Essays on Value and Culture*, Hampshire: Palgrave Macmillan, 1987.

[25] Jean Baudrillard, Mark Poster, Jacques Mourrain, *Jean Baudrillard: Selected Writings(Second Edition)*, Stanford: Stanford University Press, 2002.

[26] Jonathan Smith, The Gnostic Baudrillard: A Philosophy of Terrorism Seeking Pure Appearance, *International Journal of Baudrillard Study*, Volume 1, Number 2, July, 2004.

[27] Jean Baudrillard, Mike Gane, *Fragments: Interviews with Jean Bau-*

drillard, London and New York: Routledge, 2013.

[28] Kim Toffoletti, *Baudrillard Reframed: Interpreting Key Thinkers for the Arts*, London: I. B. Tauris, 2011.

[29] Mark Poster, Semiology and Critical Theory: From Marx to Baudrillard, boundary 2, Vol. 8, No. 1, *The Problems of Reading in Contemporary American Criticism: A Symposium* (Autumn, 1979).

[30] Mike Gane, *Baudrillard Live: Selected Interviews*, London and New York: Routledge, 1993.

[31] Marcel Mauss, *The Gift: The Form and Reason for Exchange in Archaic Societies*, London and New York: Routledge, 2002.

[32] Max Horkheimer, *Theodor W. Adorno*, *The Dialectic of Enlightenment: Philosophical Fragments*, Stanford: Stanford University Press, 2002.

[33] Mike Gane, *Baudrillard's Bestiary: Baudrillard and Culture*, London and New York: Routledge, 2003.

[34] Mihail Evans, *The Singular Politics of Derrida and Baudrillard*, Hampshire: Palgrave Macmillan UK, 2014.

[35] Paul Hegarty, *Jean Baudrillard: Live Theory*, London and New York: Continuum, 2004.

[36] Richard J. Lane, *Jean Baudrillard*, London and New York:, Routledge, 2000.

[37] Richard G. Smith, *The Baudrillard Dictionary*, Edinburgh: Edinburgh University Press, 2010.

[38] Ryan Bishop and John Phillips, *Baudrillard and the Evil Genius*, Theory, Culture & Society, Los Angeles, London, New Delhi, and Singapore: SAGE Publications, 2007, Vol. 24(5): 135 - 145.

[39] Steven Best, Douglas Kellner, *Post modern Theory: Critical Interrogations*, Hampshire: Macmillan Education UK, 1991.

[40] Theodor W. Adorno, J. M. Bernstein, *The Culture Industry: Selected Essays on Mass Culture*, London and New York: Routledge, 1991.

[41] Victoria Grace, *Baudrillard's Challenge: A Feminist Reading*, London and New York: Routledge, 2000.

[42] William Stearns, William Chaloupka, *Jean Baudrillard: The Disappearance of Art and Politics*, Hampshire: Palgrave Macmillan UK, 1992.

[43] William Pawlett, *Jean Baudrillard: Against Banality*, London and New York: Routledge, 2007.

[44] William Pawlett, *Violence, Society and Radical Theory: Bataille, Baudrillard and Contemporary Society*, Surrey: Ashgate Publishing Ltd, 2013.

后　记

本书的出版，首先必须归功于上海理工大学马克思主义学院院长金瑶梅教授的大力支持。自从我入职上海理工大学马克思主义学院以来，金院长对我在工作和生活方面一直都给予了无私的关心、指导和帮助。在金院长的坚强领导和大力推动下，学院建立了对教师出版专著的资助制度。在本人工作的第二个年头，金院长也鼓励我在博士论文的基础上出版专著。这就是本书出版的直接缘由和契机。

本书是在我博士学位论文的基础上加以修改和完善而成，主要通过研读鲍德里亚的相关文献资料，对其思想的理论渊源进行细致梳理，进而深入探讨了鲍德里亚对处于消费社会中的人的符号化生存方式的主要表现、形成原因、救赎路径的观点及其关于人的符号化生存方式救赎问题的后续思考，还基于反思鲍德里亚消费社会思想得出了一些对我国的现实启示。

如前所述，本书的基础或"前身"是我的博士学位论文。提及我的博士学位论文，思绪不由自主又回到了在母校同济大学攻读博士学位的美好时光。

回忆往昔，时光荏苒，岁月无声，在母校攻读博士学位的三年如白驹过隙，初到母校入学的情形依然历历在目。然而转眼间，博士学位论文的撰写将近完工之时，我们又踏着矫健的步伐，马不停蹄地迈向人生旅途的下一站。在论文完稿之际，我谨向所有帮助过我的人表示衷心的感谢。

特别衷心地感谢我的导师刘日明老师！我的博士学业能够顺利完成，离不开刘老师的精心培养和悉心指导。三年来，刘老师不仅在学术科研方面给予我非常有效的指导，而且在日常生活方面也给予我十分细致的关怀。在撰写博士学位论文的整个过程中，从题目选择、纲要拟定、观点提炼、文字推敲，再到论文的数次修改，以及后续的完稿、送审，我一直都得到了刘老师的悉心指导和无私帮助。刘老师扎实的功底、渊博的知识和严谨的学风都让我受益匪浅。在此，我由衷地向刘老师表示感谢，感谢他三年来对我的谆谆教导和精心栽培。

衷心地感谢给我讲授过课程和在学业上给予过帮助的所有老师！这些老师包括哲学系的陈家琪老师、孙周兴老师、徐卫翔老师、韩潮老师、梁家荣老师、柯小刚老师、陈畅老师、余明锋老师，中文系的朱静宇老师、解学芳老师，还包括马克思主义学院的郭强老师、薛念文老师、孙小金老师、王平老师，外国语学院的李兴文老师、马薇老师，还有其他很多老师。只怪我记忆力有限，没能记住每位老师的名字。正是他们的授业与解惑，扩展了我的理论视野，夯实了我的理论知识，提升了我的理论素养。此外，还要特别感谢哲学系的徐卫翔老师、韩潮老师、梁家荣老师、仇华飞老师！他们在我博士学位论文开题、博士研究生中期考核等重要环节提出了一些宝贵的意见，这对我论文的撰写起到了不容忽视的作用。另外，也要衷心地感谢对我论文进行评阅的邓安庆老师、莫伟民老师、陈立新老师、孙周兴老师、万书元老师。他们对我论文的修改和完善提出了不少宝贵的意见，这对我论文在答辩前的完善起到了重要的作用。此外，也要衷心感谢从百忙之中抽出宝贵时间参加我论文答辩的邓安庆老师、莫伟民老师、孙周兴老师、万书元老师、张永胜老师。在答辩中，他们对我论文的修改和完善也提出了很多宝贵的意见，这也有效地促进了我论文在答辩后的完善和定稿。

还要特别由衷地感谢人文学院 2017 级博士生班的班主任沈卫青老师！

三年来,她对我们的学习、生活一直都给予了无微不至的指导、关怀和帮助。从我们入学、培养计划制订、课程学习、博士学位论文开题、博士研究生中期考核,以及博士学位论文的查重、送审、答辩,她都付出了很多心血。我们博士学业的顺利完成,离不开她一直以来的关怀、帮助和督促。

衷心地感谢人文学院的各位老师!这些老师包括李建昌书记、刘涛书记、朱崇志院长、黄松院长,学院党委办公室陆大龙老师,学院办公室宋澜老师、徐天使老师,学院学生工作办公室万赟老师、路杨老师、沈家佳老师,学院图书馆的唐民老师。感谢他们在日常的工作和生活中给予我的关心和帮助。

感谢同济大学的校领导和研究生院的各位老师!在此,要特别感谢方守恩书记、徐建平书记、陈杰校长、钟志华校长、江波校长、伍江校长等校领导和研究生院黄宏伟院长、校党委研究生工作部刘润部长等院领导对我们研究生的学习、生活的关怀。同时,要感谢研究生工作部的徐纪平老师、李小慧老师、李小蜜老师、郑凯新老师等在我日常的学习、生活方面给予的无私帮助和宝贵建议。

我还要衷心地感谢我的家人,是他们鼓励和支持我考上博士研究生,并给了我在博士研究生阶段依然奋然前行的不竭精神动力。只要一想起他们,我就充满了勇往直前的力量。他们是我坚实的精神支柱和心灵港湾。当我伤心难过时,是他们给我安慰;当我灰心沮丧时,是他们给我信心;当我犹豫胆怯时,是他们给我勇气。另外,我还要感谢我的朋友,他们有本学院和其他学院的,甚至还有其他学校和单位的。因为有他们的陪伴,我在博士研究生阶段的学习路上才不孤单。他们给我很多精神支持,也使我认识到自身的不足并不断完善自己。他们分享我的幸福快乐,也分担我的痛苦忧伤。倘若没有他们的陪伴和帮助,我的博士研究生阶段也不会如此丰富多彩。

感谢我本科阶段母校的卢军老师、肖芬蓉老师,他们在我考博期间给予我极大的鼓励和有效的建议。

感谢我硕士阶段的导师王晓林老师，他对我读博期间的学术给予有效建议。

感谢硕士阶段母校的郭仁岩老师，她在我考博期间给予我一些热心的帮助。

感谢我的师兄郭军营，他在平时的学习、生活中给予我不少的关心和帮助，尤其是在我博士学位论文的开题和撰写环节提供了一些有效的建议!

感谢同济大学人文学院 2017 级博士生班的全体同学，以及同济大学其他学院 2017 级博士生的全体同学和跟我一同在校的师兄师弟、师姐师妹，感谢你们在学习、生活中给予的支持与鼓励，我很庆幸和你们一起度过在同济大学的这段美好时光!

在同济大学的那三年里，我经历了很多，也成长了不少。博士研究生阶段的那些成败得失、喜怒哀乐已成为历史，变为我脑海中永不褪色的美好回忆。在此，我要感谢母校给予的点点滴滴。如今，已经踏上人生旅途下一站的我，真心希望母校越办越好。祝福母校和我都有一个美好的未来!

回归当下，本书的成稿也属实不易。回顾本书撰写过程的点滴细节，也要衷心感谢很多人的指导、关心和帮助。在本书的撰写过程中，一直都得到了我攻读博士学位期间的导师刘日明教授的细致指导和无私帮助。尤其是本书的序言，有幸由刘老师悉心修改完善，从而为本书增添了不少光彩。

在本书文字的编辑方面，一直都得到了天津人民出版社编辑王佳欢老师的辛勤付出和无私帮助，也再次衷心感谢王老师。

最后，再次特别感谢上海理工大学马克思主义学院金瑶梅院长对我在工作和生活方面一直都给予的无私关心、指导和帮助，也衷心感谢学院对本书出版的经费支持。在今后的工作中，我依然会不忘初心，一如既往地积极工作，努力与学院共同发展。

　　由于本书的撰写和修改比较仓促,其中难免会有一些不完善的地方,也恳请各位专家学者不吝赐教,予以批评指正,衷心感谢大家。

彭　高

2023 年 7 月 28 日于上海理工大学